Nikolaus Drebinger

Oper auf den Punkt gebracht

Didaktische Einführung
in 17 Werke des Musiktheaters

Mit Kopiervorlagen und PowerPoint-CD

Gedruckt auf umweltbewusst gefertigtem, chlorfrei gebleichtem und alterungsbeständigem Papier.

1. Auflage 2009
Nach den seit 2006 amtlich gültigen Regelungen der Rechtschreibung
© by Brigg Pädagogik Verlag GmbH, Augsburg

ISBN 978-3-87101-**295**-2   www.brigg-paedagogik.de

Inhalt

Einleitung

Zur Gattung Oper finden Jugendliche nur schwer Zugang, unter anderem, weil ihnen die Inhalte und Handlungen zu realitätsfern erscheinen[1]. Dies mag verwundern, da andere multimediale und überaus akzeptierte Ausdrucksformen wie der Film sich ähnlicher Sujets bedienen und sogar der von der Romantik beeinflusste „Soundtrack" Parallelen zur Oper aufweist. Es gilt daher, Jugendliche davon zu überzeugen, dass Oper und auch Drama zwar in einer anderen Zeit und einem anderen Milieu spielen mögen, ihre Inhalte aber durchaus aktuell sind und die Erlebniswelt junger Menschen wiedergeben.

Warum?

Im Gegensatz zur Realität werden allerdings im Drama und mehr noch in der Oper Situationen und speziell Konflikte fokussiert, das heißt, sie rücken in der Kunst nicht nur zeitlich und räumlich enger zusammen, sondern werden auch hinsichtlich der verwendeten Charaktere und Personenkonstellationen auf das Wesentliche konzentriert: Man könnte von einer Essenzialisierung oder Komprimierung der Realität sprechen.

Oper auf den Punkt gebracht will nun ebenso komprimiert in 17 Werke des Musiktheaters einführen und existenzielle Situationen dieser ausgesuchten Werke für Jugendliche knapp, überzeugend und nachhaltig darstellen.[2]

Wofür?

Für wen?

Zentrales didaktisches Mittel jeder dieser Werkdarstellungen ist dabei jeweils eine *Grafik*, die die dramatische Personenkonstellation und eine oder mehrere die Handlung bestimmende dramatische Situation(en) wiedergibt.[3]

Womit?

Erarbeitet werden diese *Grafiken* schrittweise an der Tafel oder auf einer Projektionsfolie. Dazu stehen Lehrer und Schüler die fertigen *Bilder in Schwarzweiß, die beigefügte CD-ROM mit PowerPoint-Präsentationen der Grafiken in Farbe, Inhaltsbeschreibungen, Arbeitsblätter* und *Textausschnitte der Libretti*[4] als *Kopiervorlagen* zur Verfügung. Der Lehrer erhält außerdem zu jeder *Grafik* die *methodischen Bausteine zur Werkerschließung.* Diese *methodischen Bausteine* orientieren sich an den Entwicklungsstufen der Grafik und beinhalten zu jedem Bildteil dessen *dramatische Kernaussagen* in Schlagworten, *Impulse zur Bilderstellung* und *Hörbeispiele* dazu. Den *Impulsen zur Bilderstellung* ist ein kurzer *Erwartungshorizont* beigefügt, ebenso den Fragen zu den ausgewählten *Hörbeispielen*, soweit es zum Verständnis der *Grafik* und der *dramatischen Kernaussage* beiträgt.[5]

Wie?

Als minimale Form der Erstbegegnung mit einem Werk genügt es, die Inhaltsangabe zu lesen und die Grafik zu betrachten (um das Betrachtete präsent zu haben, empfiehlt es sich, eine Kopie dieser Seite zur Opernaufführung mitzunehmen). Soll dagegen eines der Werke im Unterricht besprochen werden, so wird der Lehrer den Schülern die fertige *Grafik* nicht an die Hand geben, sondern nur den (unteren) *Textteil* der Seite und das *Arbeitsblatt* kopieren. Audio- und ggf. auch Videoaufnahmen

---

1 Vgl.: Nikolaus Drebinger: *Der Opernführer als didaktisches Medium – Traditionelle Publikationen und moderne Konzepte im Vergleich* (Forum Musikpädagogik, Band 67). Augsburg: Wißner, 2005. S. 19 ff; S. 27 ff.
2 Ebd.: S. 238 ff; S. 245 ff. Für die Sekundarstufe. Die Schwierigkeiten und Inhalte der jeweiligen Werkeinführungen orientieren sich an verschiedenen Lehrplänen. Bei Durchnahme eines Werkes in unteren Jahrgangsstufen müssen Teilaspekte eventuell unbehandelt bleiben bzw. die Fragestellungen vereinfacht werden.
3 Ebd.: S. 215 ff.
4 Komplette nicht urheberrechtlich geschützte Libretti findet man in Originalsprache und in deutscher Übersetzung unter *www.opera-guide.ch.*
5 Lehrerimpulse und -fragen sind mit Anführungszeichen versehen; ein stichpunktartiger Erwartungshorizont wird durch das Zeichen > angedeutet.

des jeweiligen Werkes werden gemäß den Hörbeispielen zur Bilderstellung einen akustischen Eindruck vermitteln. Die beigefügten Textblätter helfen beim auditiven bzw. sprachlichen Verstehen.[6] Partitur oder Klavierauszug sind für die kompakten Einführungen nicht erforderlich. Diese wie auch andere Quellen und Arbeitsmittel müssen erst für eine detaillierte (musikalische) Analyse herangezogen werden.

Wozu?

Ziel der knapp gehaltenen Einheiten ist also nicht die umfassende Analyse einer Oper, sondern der unmittelbare, aber nachhaltige Einstieg in ein Werk und das Verständnis für die Gültigkeit dieser Kunstform. Daher dienen die fertigen Bilder ebenso der Reflexion eigener Lebenserfahrungen wie der Vorbereitung auf einen Opernbesuch.

Was?

Aus diesem Grund waren die Kriterien für die Auswahl der 17 Werke nicht nur didaktische Überlegungen zum Erfahrensbereich Jugendlicher und die Erwähnungen in Lehrplänen und Schulbüchern, sondern auch die Häufigkeit der Nennungen in Spielplänen deutscher Bühnen.[7]

Grafiken und Inhaltszusammenfassungen sind allerdings auch ein nützliches Hilfsmittel außerhalb des Unterrichts. Sie helfen bei der Werkauswahl („Was nehme ich wo und wann durch?") und bieten zusammen mit den *Arbeitsblättern* und den Anregungen für jeden Interessierten praktisches Material zur häuslichen Vorbereitung auf einen Opernbesuch.[8]

Dr. Nikolaus Drebinger

---

6 Fremdsprachlichen Texten ist eine auf Bühnen gebräuchliche, nicht wörtliche Übersetzung gegenübergestellt. Ob bei fremdsprachlichen Operntexten als Hörbeispiel bereits eine deutschsprachige Aufnahme verwendet wird, bleibt dem Lehrer überlassen oder muss eventuell von der Altersstufe der Schüler abhängig gemacht werden.

7 Vgl.: Nikolaus Drebinger: Der Opernführer als didaktisches Medium – Traditionelle Publikationen und moderne Konzepte im Vergleich (Forum Musikpädagogik, Band 67). Augsburg: Wißner, 2005: S. 56 ff; S. 85 ff; S. 91/92 und S. XLIII.

8 Vgl. ebd.: S. 105 ff.

Ludwig van Beethoven

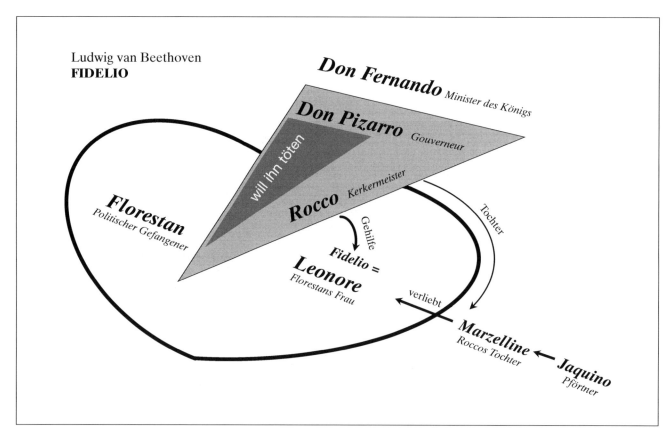

Ludwig van Beethoven
FIDELIO

Ludwig van Beethoven
* 17. Dezember 1770 in Bonn (Taufe)
† 26. März 1827 in Wien

FIDELIO
Oper in zwei Akten
Text: Sonnleithner und Treitschke nach Bouilly
Uraufführung: Wien 1805
Aufführungsdauer:
ca. 2 Std. 30 Min.

*In einem spanischen Staatsgefängnis bei Sevilla,
Ende des 18. Jahrhunderts*

1. Akt:
Der Gefängnispförtner **Jaquino** wirbt um **Marzelline**, die
Tochter des Kerkermeisters **Rocco**. Diese aber hat sich in
Fidelio verliebt, den **Rocco** vor kurzem als Gehilfen einge-
stellt hat. **Fidelio** kehrt gerade von einer beschwerlichen
Arbeit zurück, wird von **Rocco**, der ihn gerne zum Schwie-
gersohn hätte, gelobt, von **Jaquino** aber eifersüchtig beob-
achtet. **Fidelio** bittet **Rocco**, bei der Gefangenenbetreuung
mithelfen zu dürfen. Der Grund: **Fidelio** ist die als Mann
verkleidete Frau des politischen Gefangenen **Florestan**.
Rocco sagt zu, schränkt aber ein, dass er sie zu einem
speziellen Gefangenen nicht mitnehmen könne.
Fidelio, deren wirklicher Name **Leonore** ist, ahnt, wen
Rocco meint.

Don Pizarro, der Gouverneur des Staatsgefängnisses,
gibt im Hof Anweisungen. Da bringt **Rocco** ein Schreiben, in dem vor einer bevorstehenden Untersuchung des
Gefängnisses durch den **Minister Don Fernando** gewarnt

wird. **Pizarro** muss schnell einen Zeugen seines korrupten
Verhaltens und seiner Schreckensherrschaft beseitigen:
Florestan. Sein teuflischer Plan: Ein Trompeter soll ankündi-
gen, wenn der Wagen des Ministers in Sichtweite ist; bis zu
diesem Zeitpunkt muss **Rocco** im Kerker des Gefangenen
eine verschüttete Zisterne öffnen. **Pizarro** selbst will dann
den unliebsamen Zeugen töten und in die Zisterne werfen.
Fidelio-Leonore ahnt Schlimmes. Auf Bitten **Fidelios** lässt
Rocco die Gefangenen in den Gefängnishof; **Florestan** ist
jedoch nicht unter ihnen. **Rocco** erlaubt aber, dass **Fidelio**
beim Graben im Verlies helfen darf. **Pizarro** sieht die Gefangenen im Hof und tobt. Es gelingt, ihn zu beruhigen.

2. Akt:
Im Dunkel des Kerkers beklagt **Florestan** verzweifelt sein
Leid. Als **Rocco** und **Fidelio** das Verlies betreten, um die
Zisterne freizuschaufeln, liegt er ohnmächtig da. **Leono-
re** erkennt im Schein der Laterne ihren Mann. Als er zu
sich kommt und um Wasser bittet, reicht sie ihm etwas
Wein aus **Roccos** Flasche. **Florestan** erkennt sie nicht.
In diesem Moment tritt eine dunkle Gestalt in den Kerker:
Pizarro gibt **Florestan** zu erkennen, wer ihn ins Gefängnis
werfen ließ und wer seinem Leben jetzt ein Ende bereiten
wird. Als **Pizarro** zustechen will, wirft sich **Leonore** mit den
Worten dazwischen: „Töt' erst sein Weib!" Alle erstarren
– **Pizarro** dringt auf beide ein, **Leonore** hält ihn aber mit
einer Pistole in Schach. Da – das rettende Trompetensignal:
Der **Minister** steht vor den Toren.

Auf dem Platz vor dem Gefängnis gewährt **Don Fernando**
den Gefangenen von **Pizarros** Unrechtherrschaft die Freiheit; in **Florestan** erkennt er seinen tot geglaubten Freund
wieder. **Pizarro** wird verhaftet.

Drebinger: Oper auf den Punkt gebracht
© Brigg Pädagogik Verlag GmbH, Augsburg

Drebinger: Oper auf den Punkt gebracht
© Brigg Pädagogik Verlag GmbH, Augsburg

Komponist/Titel	**Ludwig van Beethoven: Fidelio**

Bildteil 1

Rocco
Kerkermeister

Tochter

Fidelio

Marzelline
Roccos Tochter ← Jaquino
Pförtner

Dramatische Kernaussage

Es beginnt ganz harmlos …

Impuls zur Bilderstellung

„Lies den ersten Abschnitt der Inhaltsbeschreibung – es scheint sich um eine harmlose Geschichte nach dem Motto A liebt B, B liebt C zu handeln. Wodurch könnte das Ganze zu einer heiteren Geschichte werden?" > Frau in Männerkleidern, Verwechslungen.

Hörbeispiele zur Bilderstellung

1. Akt, 1. Auftritt, Nr. 1. Duett Jaquino, Marzelline: „Jetzt, Schätzchen, jetzt sind wir allein." > Im Duett, in dem Marzelline dem Drängen Jaquinos ausweicht, herrscht eine kecke, humorvolle Stimmung vor (mit *Allegro* und springenden, spielerischen Motiven und Begleitfiguren im Orchester).
Musikalisch auch: *Nr. 4 Arie des Rocco* > s. unten

Bildteil 2

Don Fernando *Minister des Königs*

Don Pizarro *Gouverneur*

will ihn töten

Florestan
Politischer Gefangener

Rocco *Kerkermeister*

Fidelio =
Leonore

Dramatische Kernaussage

… und wird zum politischen Thriller

Impuls zur Bilderstellung
Arbeitsblatt: Aufgabe A)

„Lies den ganzen Inhalt des 1. Aktes und beschrifte die Grafik im AB!" > s. o.

Dramatische Kernaussage

a) **Das Opfer – einer von vielen**
b) **Der (un)willige Helfer**
c) **Der Schurke**
d) **Die Heldin**

Impuls zur Bilderstellung
Arbeitsblatt: Aufgabe B)

„Beschreibe die Personen, ihre Charaktere und ihre Funktionen (Aufgaben) in Stichpunkten!" > Florestan: politischer Häftling, jung, mutig im Widerstand, verzweifelt. Rocco: Kerkermeister, Mitläufer, eigentlich gutmütig, mäßiger Widerstand gegen Pizarro, um das Wohl seiner Tochter besorgt. Pizarro: Gouverneur des Staatsgefängnisses; typischer Schurke (korrupt, skrupellos), Killerinstinkt. Leonore = Fidelio; Florestans junge Frau, wagemutig, treu, liebevoll, entschlossen, klug.

„Suche ähnliche Personen oder Situationen in der Geschichte (bis zur Gegenwart) und in Geschichten (Romane, Filme)! Gibt es Ähnliches in der Realität?" > In jedem absolutistischen Regime und jeder Diktatur zu finden.

Hörbeispiele zur Bilderstellung

Zu a) *1. Akt, 9. Szene, Nr. 10 Finale, Chor der Gefangenen „O welche Lust"* > Gefangene treten ans Licht (Streicher im *pp* künden den Lichtstrahl an; zögernd erste Bewegungen im Fagott; Bassstimmen beginnen fast murmelnd, die anderen Stimmen setzen mit ein und steigern sich schnell zum homophonen *ff*-Ausruf).

Zu b) *1. Akt, 4. Auftritt, Nr. 4 Arie des Rocco: „Hat man nicht auch Gold beineben"* > Heiterer Rat an seine Tochter und Loblied auf Gold und Geld, musikalisch hüpfend und bewegt, ausgeglichen und undramatisch.

Zu c) *1. Akt, 5. Szene, Nr. 7 Arie des Pizarro „Ha, welch ein Augenblick"* > Düstere Freude an der Rache (Triumphgesang: aufgewühltes Allegro; rhythmische Punktierungen, sich in Empörung steigende Tonsprünge; lang gezogene, siegreiche Spitzentöne; kräftig mit Crescendi).

Zu d) *1. Akt, 6. Szene, Nr. 9, Rezitativ und Arie der Leonore „Abscheulicher, wo eilst du hin?"* > Wütendes Allegro agitato gegen Pizarro (schnelles Streichermotiv imitiert und gesteigert; Intervallsprung nach unten als Ausruf der Verachtung „Abscheulicher"); Beruhigung und Zuversicht beim Anblick eines Regenbogens; Arie als Ausdruck der Hoffnung und Liebe (langsam ansteigende, dann beschleunigende Linien bei „die Liebe wird's erreichen"; schnelles Tempo bei „Ich folge einem inneren Triebe"; mutige, entschlossene Steigerung am Schluss.

Dramatische Kernaussage

Der „Showdown"

Hörbeispiele zur Bilderstellung
Arbeitsblatt: Aufgabe C)
Textblatt

2. Akt, 1. Szene ff, Nr. 11 bis 15:
„1. Höre die dramatischen Szenen im Kerker und kreuze an, wer gerade beteiligt ist!
2. Trage die aufgeführten Fachbegriffe in der richtigen Folge in die unterste Zeile ein:
Dialog; Duett; Terzett; Quartett; Arie; Melodram (11-mal; Mehrfachnennung möglich)!" > s. Tabelle!

Aufgabe C1)	1	2	3	4	5	6	7	8	9	10	11
Jaquino								X			
Pizarro						X	X		X		
Rocco		X	X	X	X	X	X	X	X		
Leonore		X	X	X	X	X	X		X	X	X
Florestan	X			X	X	X	X		X	X	X
Aufgabe C2) Sprechen? Singen?	Arie	Mel	Duett	Dial	Terz	Dial	Quart	Dial	Quart	Dial	Duett
Musiknummer	Nr. 11	Nr. 12		Nr. 13		Nr. 14					Nr. 15

„Achte darauf, wie Beethoven im *Melodram* Zustände, Vorgänge und Stimmungen dem Dialogtext musikalisch unterlegt (kurze Notizen im Textblatt)!" > Stille, Zögern, Dunkelheit, Angst, Hoffnung. Im Orchester: kurze abgerissene Streichermelodie; lang gezogene, fragende Streicherklänge; gefühlvolle, sehnsüchtige Oboenmelodie etc.

„Wie steigert Beethoven die Spannung im *Showdown*? Warum tritt gerade am Höhepunkt eine Nebenfigur wie Jaquino mit Sprechstimme auf?" > Beethoven beteiligt immer mehr Personen an der 2. und 3. Szene des 2. Aktes. Musikalisch steigert er nach der Arie des Florestan das Ensemble vom Melodram (Orchester und gesprochener Dialog) bis zum Quartett. In der immer bedrohlicher werdenden und musikalisch aufgewühlten Situation bricht das Orchester plötzlich mit einer Generalpause ab: Man hört von fern das rettende Trompetensignal und gleich darauf Jaquinos gesprochene Ankündigung des Ministerns. Danach setzen die vier Beteiligten das Quartett im *Piano* fort – Entspannung!

Drebinger: Oper auf den Punkt gebracht
© Brigg Pädagogik Verlag GmbH, Augsburg

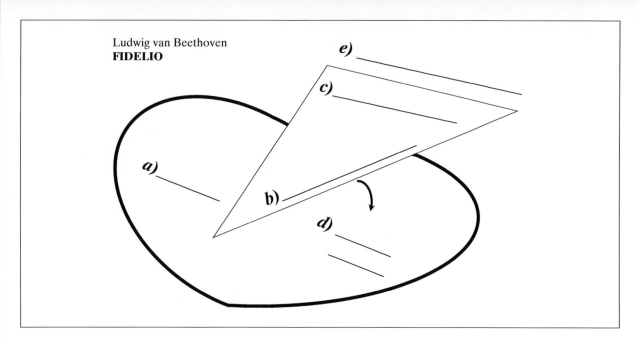

Ludwig van Beethoven
FIDELIO

a) _____
b) _____
c) _____
d) _____
e) _____

Aufgabe A)

Lies den ganzen Inhalt des 1. Aktes und trage die Namen der handelnden Hauptpersonen in die Grafik ein!

Aufgabe B)

Beschreibe die Personen, ihre Charaktere und ihre Funktionen (Aufgaben) in Stichpunkten!

	Florestan	Rocco	Pizarro	Fidelio/Leonore	Fernando
Funktion der Figur					
Person und Charakter					

Aufgabe C)

1. Höre die dramatischen Szenen im Kerker und kreuze an, wer gerade beteiligt ist!
2. Trage die aufgeführten Fachbegriffe in der richtigen Folge in die unterste Zeile ein: *Dialog; Duett; Terzett; Quartett; Arie; Melodram* (11-mal; Mehrfachnennungen möglich)!

Aufgabe C 1)	1	2	3	4	5	6	7	8	9	10	11
Jaquino											
Pizarro											
Rocco											
Leonore											
Florestan											
Aufgabe C2) Sprechen? Singen?											
Musiknummer	Nr. 11	Nr. 12			Nr. 13		Nr. 14				Nr. 15

Drebinger: Oper auf den Punkt gebracht
© Brigg Pädagogik Verlag GmbH, Augsburg

AKT II
2. Szene
Florestan, Rocco und Leonore.

Nr. 12 – Melodram und Duett

LEONORE
Wie kalt ist es in diesem unterirdischen Gewölbe!

ROCCO
Das ist natürlich, es ist ja tief.

LEONORE
Ich glaubte schon, wir würden den Eingang gar nicht finden.

ROCCO
Da ist er.

LEONORE
Er scheint ganz ohne Bewegung.

ROCCO
Vielleicht ist er tot.

LEONORE
Meint Ihr?

ROCCO
Nein, nein, er schläft nur. Das müssen wir benutzen und gleich ans Werk gehen; wir haben keine Zeit zu verlieren.

LEONORE
Es ist unmöglich, ihn zu erkennen. – Gott steh mir bei, wenn er es ist!

ROCCO
Hier, unter diesen Trümmern ist die Zisterne. – Wir brauchen nicht viel zu graben, um an die Öffnung zu kommen. Gib mir eine Haue, und du, stell dich hierher. Du zitterst, fürchtest du dich?

LEONORE
O nein, es ist nur so kalt.

ROCCO
Beim Arbeiten wird dir schon warm werden.

Duett
ROCCO
Nur hurtig fort, nur frisch gegraben,
Es währt nicht lang', er kommt herein.

LEONORE
Ihr sollt ja nicht zu klagen haben,
Ihr sollt gewiss zufrieden sein.

ROCCO
Komm, hilf doch diesen Stein mir heben –
Hab' acht! – Hab' acht!
Er hat Gewicht!

LEONORE
Ich helfe schon – sorgt Euch nicht;
Ich will mir alle Mühe geben.

ROCCO
Ein wenig noch!

LEONORE
Geduld!

ROCCO
Er weicht.

LEONORE
Nur etwas noch!

ROCCO
Es ist nicht leicht!

ROCCO
Nur hurtig fort, nur frisch gegraben,
Es währt nicht lang', er kommt herein.

LEONORE
Lasst mich nur wieder Kräfte haben,
Wir werden bald zu Ende sein.
Wer du auch seist, ich will dich retten,
Bei Gott! Du sollst kein Opfer sein!
Gewiss, ich löse deine Ketten,
Ich will, du Armer, dich befrei'n.

ROCCO
Was zauderst du in deiner Pflicht?

LEONORE
Mein Vater, nein, ich zaud're nicht.

ROCCO
Nur hurtig fort, nur frisch gegraben,
Es währt nicht lang', so kommt er her.

LEONORE
Ihr sollt ja nicht zu klagen haben,
Lasst mich nur wieder Kräfte haben,
Denn mir wird keine Arbeit schwer.

Er erwacht!

ROCCO
Er erwacht, sagst du?

LEONORE
Ja, er hat eben den Kopf gehoben.

ROCCO
Ohne Zweifel wird er wieder tausend Fragen an mich stellen. Ich muss allein mit ihm reden.
Nun, Ihr habt wieder einige Augenblicke geruht?

FLORESTAN
Geruht? Wie fände ich Ruhe?

LEONORE
Diese Stimme – wenn ich nur einen Augenblick sein Gesicht sehen könnte. Gott! Er ist es.

FLORESTAN
Sagt mir endlich, wer ist der Gouverneur dieses Gefängnisses?

ROCCO
Der Gouverneur dieses Gefängnisses ist Don Pizarro.

Drebinger: Oper auf den Punkt gebracht
© Brigg Pädagogik Verlag GmbH, Augsburg

FLORESTAN
Pizarro! Dessen Verbrechen ich zu entdecken wagte!
Schickt nach Sevilla, fragt nach Leonore Florestan –
sagt, dass ich hier in Ketten liege.

ROCCO
Es ist unmöglich, sag' ich Euch. Ich würde mich ins
Verderben stürzen, ohne Euch genützt zu haben.

FLORESTAN
Wenn ich verdammt bin, hier mein Leben zu enden, o
lasst mich nicht langsam verschmachten. Gebt mir nur
einen Tropfen Wasser.

ROCCO
Alles, was ich Euch geben kann, ist ein Restchen Wein.
– Fidelio!

LEONORE
Da ist er.

FLORESTAN
Wer ist das?

ROCCO
Mein Schließer. Du bist ja in Bewegung, Fidelio!

LEONORE
Wer sollte es nicht sein? Ihr selbst, Meister Rocco ...

Nr. 13 – Terzett
FLORESTAN
Euch werde Lohn in besser'n Welten,
Der Himmel hat euch mir geschickt.
O Dank! Ihr habt mich süß erquickt;
Ich kann die Wohltat, ich kann sie nicht vergelten.

ROCCO
Ich lab' ihn gern, den armen Mann,
Es ist ja bald um ihn getan.

LEONORE
Wie heftig pochet dieses,
Es wogt in Freud' und scharfem Schmerz.

FLORESTAN
Bewegt seh' ich den Jüngling hier,
Und Rührung zeigt auch dieser Mann.
O Gott, du sendest Hoffnung mir,
Dass ich sie noch gewinnen kann.

LEONORE
Die hehre, bange Stunde winkt,
Die Tod mir oder Rettung bringt.

ROCCO
Ich tu, was meine Pflicht gebeut,
Doch hass' ich alle Grausamkeit.

LEONORE
Dies Stückchen Brot – ja, seit zwei Tagen
Trag' ich es immer schon bei mir.

ROCCO
Ich möchte gern, doch sag' ich dir,
Das hieße wirklich zu viel wagen.

LEONORE
Ach! Ihr labtet gern den armen Mann.

ROCCO
Das geht nicht an, das geht nicht an.

LEONORE
Es ist ja bald um ihn getan.

ROCCO
So sei es – ja, so sei's – du kannst es wagen.

LEONORE
Da, nimm das Brot – du armer Mann!

FLORESTAN
O Dank dir, Dank! – O Dank! O Dank!
Euch werde Lohn in besser'n Welten,
Der Himmel hat euch mir geschickt.
O Dank! Ihr habt mich süß erquickt,
Ich kann die Wohltat nicht vergelten.

LEONORE
Der Himmel schicke Rettung dir,
Dann wird mir hoher Lohn gewährt.

ROCCO
Mich rührte oft dein Leiden hier,
Doch Hilfe war mir streng verwehrt.
Ich lab' ihn gern, den armen Mann,
Es ist ja bald um ihn getan.

LEONORE
O mehr, als ich ertragen kann!

FLORESTAN
O dass ich euch nicht lohnen kann!

3. Szene
Die Vorigen, Pizarro

PIZARRO
Ist alles bereit?

ROCCO
Ja, die Zisterne braucht nur geöffnet zu werden.

PIZARRO
Gut, der Bursche soll sich entfernen.

ROCCO
Geh, entferne dich, Fidelio.

LEONORE
Wer? – Ich? – Und Ihr?

ROCCO
Geh! Geh!
Soll ich ihm die Ketten abnehmen?

PIZARRO
Nein, aber schließ ihn vom Stein los. Die Zeit drängt.

Drebinger: Oper auf den Punkt gebracht
© Brigg Pädagogik Verlag GmbH, Augsburg

Leonard Bernstein

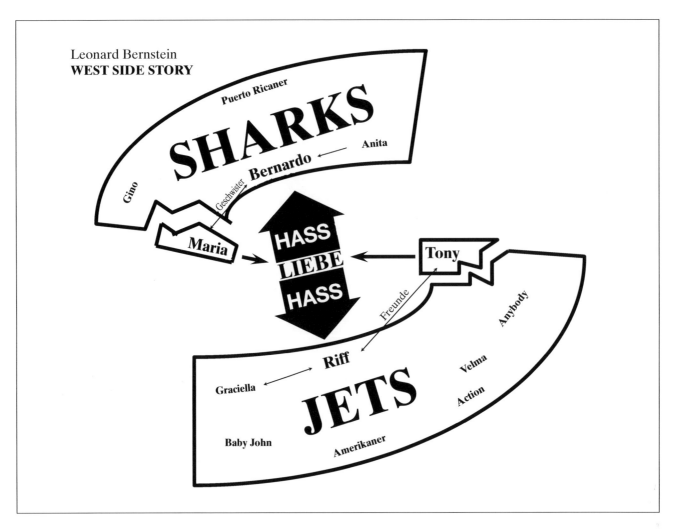

Leonard Bernstein
WEST SIDE STORY

SHARKS

Puerto Ricaner

Gino — Geschwister — Bernardo → Anita

Maria

HASS
LIEBE
HASS

Tony

Freunde

Riff

Graciella ←

JETS

Velma
Action
Anybody

Baby John   Amerikaner

Leonard Bernstein
* 25. August 1918 in Lawrence (Massachusetts)
† 14. Oktober 1990 in New York

WEST SIDE STORY
Musical in zwei Akten,
15 Szenen, 9–10 Bilder
Songtexte: Stephen Sondheim
Buch: Arthur Laurents nach Shakespeares „Romeo und Julia"
Idee: Jerome Robbins

Premiere: 26. 9. 1957, New York
Aufführungsdauer: ca. 2 Std. 30 Min.

New York im Jahre 1957

1. Akt:
Bandenauseinandersetzungen zwischen den **Jets** („echte Amerikaner") und den **Sharks** (Puerto Ricaner). **Riff**, der Anführer der **Jets**, plant, **Bernardo**, den Anführer der **Sharks**, bei einer abendlichen Tanzveranstaltung zum Kampf zu fordern. Er bittet **Tony**, der sich von den **Jets** gelöst hat, ihm zu helfen. Beide Banden gehen zur Tanzveranstaltung. **Tony** und **Maria**, die Schwester **Bernardos**, verlieben sich ineinander, obwohl Maria **Chino** versprochen

ist. **Tony** und **Maria** schwören sich auf dem Balkon von Marias Haus ewige Liebe. Bei der Besprechung der Banden gibt es erneut Streit und man beschließt ein Duell der beiden Anführer für den nächsten Abend auf dem Highway. **Maria** und **Tony** sehen sich heimlich am folgenden Nachmittag, **Tony** soll den Kampf verhindern.
Das als Faustkampf geplante Duell beginnt, es blitzen jedoch schnell Messer auf. **Tony** will eingreifen. **Bernardo** ersticht **Riff**; vom Schmerz um seinen Freund überwältigt tötet **Tony Bernardo**.

2. Akt:
Chino informiert **Maria** über die Bluttat. Als **Tony** sie in ihrem Zimmer aufsucht, hält sie dennoch zu ihm. Er wird inzwischen von den Sharks und der Polizei gesucht. **Anita**, Bernardos Freundin, überrascht die beiden Liebenden, erklärt sich trotz anfänglicher Rachegedanken bereit, ihnen zu helfen. Als sie jedoch später zu den **Jets** geht, um **Tony** vor **Chino** zu warnen, wird sie von den **Jets** beinahe vergewaltigt. Gedemütigt lässt sie **Tony** ausrichten, **Chino** habe **Maria** umgebracht. Als **Tony** verzweifelt vor Schmerz durch die Staßen irrt, sieht er **Maria**. In diesem Moment trifft ihn **Chinos** Kugel. An der Leiche **Tonys** klagt **Maria** voll Zorn und Schmerz das sinnlose Töten an. Gemeinsam tragen die hinzugekommenen **Jets** und die **Sharks** den toten Körper weg.

Drebinger: Oper auf den Punkt gebracht
© Brigg Pädagogik Verlag GmbH, Augsburg

Bildteil 1

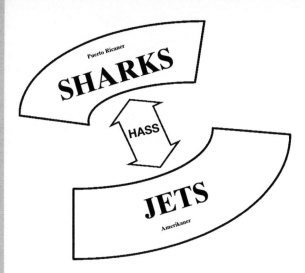

Dramatische Kernaussage

Im Großen wie im Kleinen: kein Leben ohne Krieg?!

Impuls zur Bilderstellung
Arbeitsblatt: Aufgabe
A) und B)

„Lies den Anfang der Inhaltsbeschreibung" oder „Sieh den Anfang der Verfilmung an!
(1) Wie heißen die beiden gegnerischen Gruppen in der West Side von New York?
(2) Warum sind sie verfeindet?
(3) Findet man auch in unserem Alltag solche Konflikte?"
> (1) Sharks, Jets > (2a) verschiedene ethnische Gruppen („Ureinwohner" gegen puerto-ricanische Einwanderer), > (2b) soziale Randgruppen, (2c) Frustration … > (3) Diskussion über ethnische Konflikte (Rassenkonflikte wie in den USA, Südafrika), religiöse Konflikte wie im Balkan, in Nordirland, Nahost …

Hörbeispiele zur Bilderstellung
Textblatt

Ad (1) Hör- oder Videobeispiel: *1. Szene* > „Spielerisches" Hochschaukeln des Kon-
flikts vom Streetball zur Schlägerei; Musik entwickelt die Spannung aus der Stille durch
Pfeifsignale, Fingerschnalzen, Perkussion (Bongowirbel), abgerissene Motivfetzen auf
Stabspielen, E-Gitarre, gedämpfter Trompete und im Pizzicato der Streicher.
Ad (2a/b) Hör- oder Videobeispiel: *„Amerika"* > Gegenüberstellung der Situationen in
der Heimat mit den Erwartungen an das Gastgeberland; Latinrhythmen (auf Oberschen-
keln mitklopfen: l-r-r-l-r-r-l-r-l-r-l-r usw.).
Ad (2b) Hör- oder Videobeispiel: *„Gee Officer Krupke"* > Satirische Beschreibung
des Werdegangs eines Unterschichtkindes in der West Side (grelle „Zirkusmusik" als
Introduktion und ritornellartige Zwischenspiele mit Blechbläsern und Paukenglissandi;
marschartiger Chorrefrain; chromatische Steigerungen von Strophe zu Strophe und im
Finale.

Bildteil 2

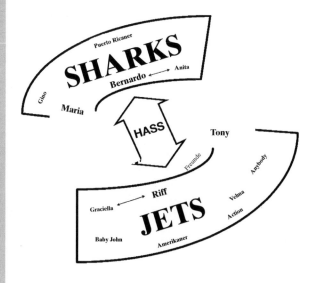

Drebinger: Oper auf den Punkt gebracht
© Brigg Pädagogik Verlag GmbH, Augsburg

Dramatische Kernaussage

Impuls zur Bilderstellung
Arbeitsblatt: Aufgabe C)

Hörbeispiele zur Bilderstellung

Bildteil 3

Dramatische Kernaussage

Impuls zur Bilderstellung

Hörbeispiele zur Bilderstellung

Gruppenzwang und Individuum

„Ordne die Namen der Mitglieder den Gangs zu und überlege bei der Zuteilung, warum jedes Feld eine Öffnung hat!" > Namen s. Bild; Tony und Maria sind nicht voll integriert, Maria, weil sie angeblich zu jung ist, Tony, weil er nicht mehr in der Gang mitmachen will (Gespräch mit Riff).

„Wie ‚sorgt' Bernardo für seine Schwester, wie Riff für Tony? Vergleiche diese Fürsorge mit Erfahrungen aus deiner Umwelt und diskutiere darüber!" > Bernardo bevormundet Maria (Kleid, Ausgehen, Freund, …); Jeff erinnert an die Gruppenzugehörigkeit.

Jet Song > vgl. oben Beschreibung Anfangsszene; dazu: Soli und einstimmiger (einiger) Chor mit Zwischenrufen und langen selbstbewussten Finaltönen.

a) **Die Eskalation der Gewalt**
b) **„… Ihr lasst den Armen schuldig werden …" (Goethe „Wilhelm Meister") – der Höhepunkt tragischer Verwicklung**
c) **Der Einzelne kann seinem Schicksal nicht entfliehen (vgl. griechische Tragödie)**

„Sieh die Kampfszene im Video an! Wie eskaliert die Situation? Wie wird Tony immer tiefer in die Situation verwickelt?"
> Bernardo will eigentlich mit Tony und nicht mit dem von den Jets gewählten Gegner kämpfen > Tony möchte schlichten > Bernardo provoziert ihn > Tony lässt sich nicht provozieren, aber Riff „springt für ihn ein" > Messer werden gezückt > Riff wird erstochen, gibt sterbend Tony sein Messer > Tony sticht zu.
„Ihr führt ins Leben uns hinein, ihr lasst den Armen schuldig werden, dann überlasst ihr ihn der Pein; denn alle Schuld rächt sich auf Erden." – Inwiefern trifft der Vorwurf an die höheren Mächte in Goethes Lied des Harfners aus Wilhelm Meister zu?"
> Tony hat, ohne es zu wollen, den Bruder seiner Freundin getötet. Aus diesem Konflikt gibt es keinen Ausweg.

Kampfszene: „Achte bei der Szene darauf, wie der Komponist die Action-Szene musikalisch darstellt!" > Stille; Hornsignal, als Riff Bernardo schlägt (Signal ähnlich wie in Anitas Song *A boy like that*); Spannung durch hohes Violinentremolo; Latin Perkussion; Pizzicati; wilde Motivfetzen (vgl. Strawinsky „Le sacre du printemps").

Drebinger: Oper auf den Punkt gebracht
© Brigg Pädagogik Verlag GmbH, Augsburg

Bildteil 4

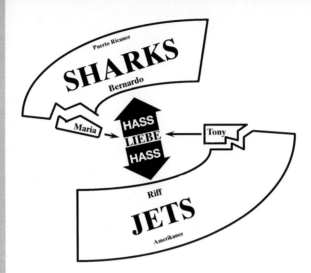

Dramatische Kernaussage

Liebe durchbricht den Hass – gibt es diese Chance?

Impuls zur Bilderstellung

„In der aggressiven Stimmung gibt es menschliche Momente – nicht nur zwischen den Liebenden. Suche sie!" > a) Kennenlernen, b) die Liebesszene am Balkon, c) die „Heiratszeremonie", d) das Mitgefühl von Anita (das allerdings am Misstrauen und der Aggressivität der Jets wieder scheitert), e) die „Versöhnung" an der Leiche.

Hörbeispiele zur Bilderstellung

a) *Dance at the Gym*: „Sieh und höre die erste Begegnung von Tony und Maria beim Jugendtanz. Wie wird das Besondere der Situation musikalisch ausgedrückt?"
> Zirkusartiger Marsch als Tanzspiel; Auflösung in einen wilden Mambo, bei dem beide Gangs gegeneinander tanzen. Begegnung Tony/Maria: Das Treiben um die beiden scheint innezuhalten; beide wechseln nur wenige Worte, tanzen einen kammermusikalischen statischen Cha-Cha-Cha; der Marsch bringt beide wieder in die Wirklichkeit; Bernardo reißt seine Schwester weg; das Mambogetöse bricht wieder aus; die traumhafte Situation ist zerplatzt.

b) *Maria*: „Beschreibe, wie Tony seine Begeisterung für den Namen ‚Maria' musikalisch entwickelt!"
> Name gesprochen > Rezitativ wenig Begleitung (quasi „secco") > Melodie mit rhythmischer Orchesterbegleitung > lang ausgehaltene Silben des Namens in hoher Lage mit Melodieteilen im Orchester.

c) *One hand, one heart*: sakral anmutendes, getragenes Duett bei der „gespielten" Trauung.

d) *A boy like that/I have a love*: > Anitas vorwurfsvolle Schmähungen mit heftigen Tutieinwürfen im Orchester werden unterbrochen von Marias entschuldigenden Beteuerungen, bis beide in einem von breitem Orchesterklang getragenen Hymnus auf die Liebe sich einigen.

e) *Finale*: > Maria beginnt mit Fragmenten von *Somewhere*, Tony stimmt kurz ein und stirbt, das Orchester führt den musikalischen Gedanken fort, geht in wiegende „verklärende" Klänge über einem funeralen Orgelton mit Paukenakzenten über.
Jets und Sharks folgen gemeinsam dem Leichnam Tonys (= Vision einer friedlicheren Zukunft).

Arbeitsblatt: Aufgabe D)

„Finde andere Werke (Opern, Bühnenstücke, Erzählungen, Filme, …) mit gleicher oder ähnlicher Gruppen- und Personensituation, zeichne die feindlichen Gruppen und die wichtigsten Personen in das grafische Schema von oben ein und erzähle die Handlung nach." (Ggf. Referate) > Shakespeares *Romeo und Julia* (Vorlage für *West Side Story*; feindliche Gruppen: Capulet und Montague; Liebespaar: Rome und Julia); Rossini *Mosè in Egitto* (verfeindete Gruppen: Ägypter und Hebräer, Liebespaar: Osiride und Elcia); Verdi *Aida* (verfeindete Gruppen: Ägypter und Äthiopier; Liebespaar: Radamès und Aida) etc.

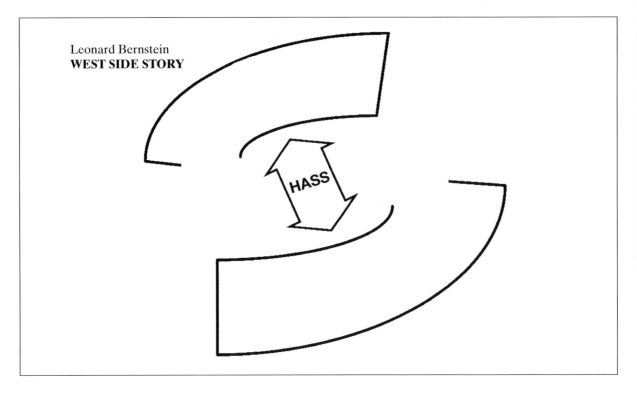

Aufgabe A)

Wie nennen sich die beiden gegnerischen Gangs? Trage die Namen ein! Warum sind die beiden Gruppen wohl Feinde?

Aufgabe B)

Wo entstehen heute gegnerische Lager, die in Hass ausarten können? Trage die Gruppen in die Tabelle ein und nenne Gründe für ihre Feindschaft!

Gruppe A	Gruppe B	Gründe

Aufgabe C)

Ordne die Namen der Mitglieder den Gangs zu und überlege bei der Zuteilung, warum jedes Feld eine Öffnung hat!

Aufgabe D)

Finde andere Werke (Opern, Bühnenstücke, Erzählungen, Filme, …) mit gleicher oder ähnlicher Gruppen- und Personensituation, zeichne die feindlichen Gruppen und die wichtigsten Personen in das grafische Schema von oben ein und erzähle die Handlung nach.

Drebinger: Oper auf den Punkt gebracht
© Brigg Pädagogik Verlag GmbH, Augsburg

America

ROSALIA *nostalgically*
Puerto Rico …
You lovely island …
Island of tropical breezes
Always the pineapples growing,
Always the coffee blossoms blowing …

ANITA *mockingly*
Puerto Rico:
You ugly island …
Island of tropic diseases
Always the hurricanes blowing
Always the population growing …
And the money owing
And the babies crying,
And the bullets flying.
I like the island Manhattan –
Smoke on your pipe and put that in!

OTHERS
I like to be in America!
Okay by me in America!
Everything free in America
For a small fee in America

ROSALIA
I like the city of San Juan.

ANITA
I know a boat you can get on.

ROSALIA
Hundreds of flowers in full bloom.

ANITA
Hundreds of people in each room!

ALL
Automobile in America,
Chromium steel in America,
Wire-spoke wheel in America,
Very big deal in America!

ROSALIA
I'll drive a Buick through San Juan.

ANITA
If there's a road you can drive on!

ROSALIA
I'll give my cousins a free ride.

ANITA
How can you get all of them inside?

ALL
Immigrant goes to America,
Many hellos in America,
Nobody knows in America,
Puerto Rico's in America!

ROSALIA
I'll bring a TV to San Juan.

ANITA
If there's a current to turn on!

Amerika

ROSALIA *nostalgisch*
Puerto Rico,
du hübsche Insel,
Insel der tropischen Brisen,
dort, wo dir Palmwedel winken,
kannst du im Blütenmeer versinken.

ANITA *sarkastisch*
Puerto Rico,
du miese Insel,
Insel der tropischen Krisen,
dort, wo die Müllhalden stinken,
kannst du im Menschenmeer ertrinken,
und dann putzt du Klinken,
wo sie Babies wiegen,
während Kugeln fliegen.
Ich mag die Insel Manhattan,
du kannst den Arsch drauf verwetten!

ALLE
Was uns gefällt in Amerika:
die neue Welt in Amerika,
denn man erhält in Amerika
was für sein Geld in Amerika.

ROSALIA
Ich wär' gern wieder in San Juan!

ANITA
Dann fang doch schon mal mit Rudern an.

ROSALIA
Überall Blumen, man glaubt's kaum.

ANITA
Hundert Geschwister und ein Raum!

ALLE
Automobil in Amerika
mit Sexappeal in Amerika
gibt es sehr viel in Amerika,
bringt dich zum Ziel in Amerika.

ROSALIA
Ich fahr' im Buick nach San Juan.

ANITA
Wenn's da was gibt, wo man fahr'n kann.

ROSALIA
Alle Verwandten lad' ich ein.

ANITA
Wie kriegst du die denn bei dir rein?

ALLE
Ein Immigrant in Amerika
ist keine Schand' in Amerika;
denn jeder fand in Amerika
sein Heimatland in Amerika.

ROSALIA
Ich bring das Fernseh'n nach San Juan –

ANITA
Was fängst du da ohne Strom an?

Drebinger: Oper auf den Punkt gebracht
© Brigg Pädagogik Verlag GmbH, Augsburg

ROSALIA
I'll give them new washing machine.

ANITA
What have they got there to keep clean?

ALL
I like the shores of America!
Comfort is yours in America!
Knobs on the doors in America,
Wall-to-wall floors in America!
They dance

ROSALIA
When I will go back to San Juan –

ANITA
When you will shut up and get gone!

ROSALIA
Ev'ryone there will give big cheer!

ANITA
Ev'ryone there will have moved here!

Gee, Officer Krupke
SNOWBOY *imitating Krupke*
Hey, you!

ACTION
Me, Officer Krupke?

SNOWBOY
Yeah, you! Gimme one good reason for not dragging ya
down the station house, ya punk!

ACTION
Dear kindly Sergeant Krupke,
You gotta understand,
It's just our bringing up-ke
That get us out of hand.
Our mothers all are junkies,
Our fathers all are drunks,
Golly Moses, natcherly we're punks!

ACTION and QUARTET
Gee. Officer Krupke,
We're very upset
We never had the love
That every child oughta get.
We ain't no delinquents,
We're misunderstood,
Deep down inside us there is good!

ACTION
There is good!

ALL
There is good, there is good,
There's an tapped good,
Like inside, the worst of us is good.

SNOWBOY *imitating Krupke*
That's a touchin' good story!

ACTION
Lemme tell you to the world!

ROSALIA
Ich nehm mein Waschpulver mit hin –

ANITA
Das macht im Fluss wirklich viel Sinn.

ALLE
Man kommt groß raus in Amerika
in Saus und Braus in Amerika,
es hat die Laus in Amerika
ein eig'nes Haus in Amerika.
Sie pfeifen und tanzen.

ROSALIA
Wenn ich zurückkomm' nach San Juan –

ANITA
Ich wollte, du kämst dort bald an!

ROSALIA
Warten die Freunde schon am Pier.

ANITA
Nee, Schatz, die leben schon längst hier!

Mann! Officer Krupke
SNOWBOY *imitiert Krupke*
Hey du!

ACTION
Ich, Officer Krupke?

SNOWBOY
Ja, du! Nenn mir einen vernünftigen Grund dafür, dich
nicht auf die Wache zu schleifen, du Gangster!

ACTION
Mein guter Sergeant Krupke,
sie müssen schon versteh'n,
ich mach zwar noch nicht schlapp-ki,
doch es ist klar zu seh'n:
Mama hängt an der Nadel,
Papa säuft nur noch Bier.
Dumm gelaufen – darum sind wir hier!

ALLE
Ach, Officer Krupke,
wir sind ganz konfus;
wir hatten nie die Liebe,
die ein Kind haben muss.
Es ist keine Bosheit
und kein Übermut,
denn tief im Herzen sind wir gut!

ACTION
Wir sind gut!

ALLE
Wir sind gut, wir sind gut,
wir sind alle gut,
selbst das Schlechte ist an uns noch gut.

SNOWBOY *spielt Krupke*
Das geht voll zu Herzen.

ACTION
Ich werde es der ganzen Welt erzählen.

Drebinger: Oper auf den Punkt gebracht
© Brigg Pädagogik Verlag GmbH, Augsburg

SNOWBOY *„Krupke"*
Just tell it to the judge!

ACTION to *„Judge"*
Dear kindly Judge, your Honor,
My parents treat me rough,
With all the marijuana,
They won't give me a puff.
They didn't wanna have me,
But somehow I was had.
Leapin' lizards, that's why I'm so bad!

DIESEL *„Judge"*
Officer Krupke, you're really a square;
This boy don't need a judge,
He needs ananalyst's care!
It's just his neurosis that oughta be curbed.
He's psychologic'ly disturbed!

ACTION
I'm disturbed!

ALL
We're disturbed. we're disturbed,
We're the most disturbed,
Like we're psychologic'ly disturbed.

DIESEL *„Judge"*
In the opinion of this court, this child is depraved on account he ain't had a normal home.

ACTION
Hey, I'm depraved on account I'm deprived!

DIESEL *„Judge"*
So take him to a headshrinker.

ACTION to *„Psychiatrist"*
My father is a bastard,
My ma's an S.O.B.
My grandpa's always plastered,
My grandma pushes tea,
My sister wears a mustache,
My brother wears a dress,
Goodness gracious, that's why I'm a mess!

A-RAB *„psychiatrist"*
Yes! Officer Krupke, you're really a slob.
This boy don't need a doctor, just a good honest job.
Society's played him a terrible trick
and sociogic'ly he's sick!

ACTION
I am sick!

ALL
We are sick, we are sick,
We are sick, sick, sick,
Like we're sociologically sick!

A-RAB *„psychiatrist"*
In my opinion this child don't need to have his head shrunk at all. Juvenile delinquency is purely a social disease!

ACTION
Hey, I got a social disease!

SNOWBOY *als Krupke*
Erzähl's dem Richter.

ACTION *zu Diesel*
Mein lieber guter Richter,
Papa kokst nicht zu knapp,
er schnupft es durch'n Trichter
Und gibt mir gar nichts ab.
Sie wollten wohl verhüten,
doch waren zu bekifft,
ist doch logisch – drum bin ich versifft!

DIESEL *einen Richter nachahmend*
Klar! Officer Krupke, Sie sind ein Idiot;
das Kind braucht keinen Richter;
ein Psychiater tut not!
Ham sie von Neurosen noch nie was gehört?
In seinem Kopf ist er gestört!

ACTION
Bin gestört!

ALLE
Bin gestört, bin gestört,
ich bin so gestört,
psychologisch bin ich so gestört!

DIESEL *einen Richter nachahmend*
Hört, hört! Nach Meinung des Gerichtshofes ist dieses Kind seelisch verkümmert, weil es kein normales Zuhause hatte.

ACTION
Hey, ich bin verkümmert, weil sich keiner gekümmert hat!

DIESEL *einen Richter nachahmend*
Bringt ihn zum Seelenklempner.

ACTION *zu A-rab*
Mein Vater ist ein Wichser,
Mama ist eine Sau.
Mein Opa ist ein Fixer
und Oma immer blau.
Mein Schwesterchen rasiert sich,
mein Bruder trägt ein Kleid,
ach du Scheiße – ich tu mir so leid!

A-RAB *als Psychiater*
Tja! Officer Krupke, Sie dämlicher Hund,
der Knabe braucht nur Arbeit, sonst wird er nie gesund.
Nun ist er verkorkst, der Gesellschaft sei Dank,
sprich: Soziologisch ist er krank!

ACTION
Ich bin krank!

ALLE
Wir sind krank, wir sind krank,
wir sind krank, krank, krank,
vom sozialen Standpunkt sind wir krank!

A-RAB *als Psychiater*
Nach meiner Meinung braucht sich dieser Junge gar nicht erst auf meine Couch zu legen. Jugendliche Straftaten sind eine soziale Krankheit!

ACTION
Hey, ich hab' 'ne soziale Krankheit!

Drebinger: Oper auf den Punkt gebracht
© Brigg Pädagogik Verlag GmbH, Augsburg

A-RAB „psychiatrist"
So take him to a social worker!

ACTION to „Social Worker"
Dear kindly social worker.
They say go earn a buck,
Like be a soda jerker,
Which means like be a schmuck.
It's not I'm anti-social,
I'm only anti-work,
Glory Osky, that's why I'm a jerk!

BABY JOHN imitating female social worker
Eek! Officer Krupke, you've done it again.
This boy don't need a job, he needs a year in the pen.
It ain't just a question of misunderstood;
Deep down inside him, he's no good!

ACTION
I'm no good!

ALL
We're no good, we're no good,
We're no earthly good,
Like the best of us is no damn good!

DIESEL „Judge"
The trouble is he's crazy!

A-RAB „Psychiatrist"
The trouble is he drinks!

BABY JOHN „Social Worker"
The trouble is he's lazy!

DIESEL „Judge"
The trouble is he stinks!

A-RAB „Psychiatrist"
The trouble is he's growing!

BABY JOHN „Social Worker"
The trouble is he's grown!

ALL
Krupke, we got troubles of our own!
Gee, Officer Krupke,
We're down on our knees,
Cause no one wants a fella with a social disease.
Gee, Officer Krupke,
What are we to do!
Gee, Officer Krupke,
Krup you!

A-RAB als Psychiater
Dann schleppt ihn zum Sozialarbeiter!

ACTION zu Baby John
Ich bitte um Verständnis:
Ich soll zur Arbeit geh'n?
Da fehlt mir jede Kenntnis,
das müssen sie versteh'n.
Ich bin nicht gegen Arbeit,
wenn sie ein and'rer tut,
heil'ger Bimbam, was für eine Brut!

BABY JOHN als Sozialarbeiterin
Ugh! Officer Krupke, sie sind ein Phantast,
der Junge braucht statt Arbeit nur 'ne Zelle im Knast,
und das, lieber Krupke, geschieht ihm ganz recht,
denn tief im Herzen ist er schlecht!

ACTION
Ich bin schlecht!

ALLE
Wir sind schlecht, wir sind schlecht,
wir sind wirklich schlecht,
selbst das Beste an uns ist noch schlecht!

DIESEL als Richter
Das kommt, weil er verrückt ist.

A-RAB als Psychiater
Das kommt nur, weil er trinkt.

BABY JOHN als Sozialarbeiterin
Das kommt nur, weil er missglückt ist.

DIESEL als Richter
Das kommt nur, weil er stinkt.

A-RAB als Psychiater
Das kommt vom Pubertieren!

BABY JOHN als Sozialarbeiterin
Was machen wir da bloß?

ALLE
Krupke, wie wird man den Ärger los?
Ach, Officer Krupke,
wir bitten Sie sehr,
soziale Krankheitsfälle zu bekämpfen fällt schwer.
Und, wissen sie, Krupke,
auch selbst nicht mehr wie,
dann ficken sie sich doch
ins Knie!

Drebinger: Oper auf den Punkt gebracht
© Brigg Pädagogik Verlag GmbH, Augsburg

Georges Bizet

Georges Bizet
CARMEN

Ein Diagramm mit den Begriffen: FREIHEIT, EROTIK Carmen, Schmuggler (Lillas Pastia, Remendado, Dancairo, Mercédès, Frasquita), ZUNEIGUNG Micaëla, Escamillo Stierkämpfer, Soldaten ORDNUNG, Jugendfreundin, verführt, tötet, Rivale, Don José Sergeant, Zuniga Leutnant, Rivale, Moralès Sergeant.

Drebinger: Oper auf den Punkt gebracht
© Brigg Pädagogik Verlag GmbH, Augsburg

Georges Bizet
* 25. Oktober 1838 in Paris
† 3. Juni 1875 Bouvigal bei Paris

CARMEN
Oper in vier Akten
Text: Heni Meilhac und Ludovic Halévy nach einer Novelle
von Prosper Mérimée
Uraufführung: Paris 1875
Aufführungsdauer:
ca. 3 Std. 15 Min.

Sevilla und Umgebung, um 1820

1. Akt:
Sergeant **Don José**, in Sevilla stationiert, wird von seiner
Jugendfreundin **Micaëla** gesucht.
Er ist jedoch auf Wache. Bei der Wachablösung warten
viele Schaulustige nicht nur auf die Soldaten, sondern
auch auf die leicht bekleideten Zigarettenarbeiterinnen und
besonders auf die rassige **Carmen**. **Carmen** singt von ihrer
Auffassung von Liebe. Nur einen interessiert dies nicht:
José; **Carmen** wirft ihm provozierend eine Blume zu; er
hebt sie auf und ist in ihrem Bann. Da findet ihn Micaëla
und überbringt ihm einen Brief und einen Kuss von seiner
Mutter. Aus der Zigarettenfabrik hört man plötzlich Ge-
schrei: **Carmen** hat ein anderes Mädchen mit dem Messer
verletzt. Sie wird verhaftet. **José** soll sie zum Gefängnis
bringen, erliegt aber ihren Verführungskünsten und lässt sie
laufen. Er wird unter Arrest gestellt.

2. Akt:
In **Lillas Pastias** Schenke geht es hoch her. Der gefeierte
Torero **Escamillo** tritt auf und wirbt um **Carmens** Gunst.

Sie jedoch vertröstet ihn, sie wartet auf **José**, der wieder
in Freiheit ist. Als dieser kommt, ruft ihn der Zapfenstreich
auch schon wieder in die Kaserne zurück. **Carmen** versucht, ihn zum Bleiben zu verführen; er bleibt aber standhaft und will zurück. Da erscheint Leutnant **Zuniga** und
befiehlt **José** zu gehen. **José** ist gedemütigt, es kommt
zum Streit. **Carmen** und die Schmuggler treten dazwischen. **José** hat nun keine Wahl mehr: Er muss bei den
Schmugglern bleiben.

3. Akt: *Im Gebirge*
Carmen interessiert sich nicht mehr für **José**, der zum
Schmuggeln nicht taugt; sie rät ihm, die Bande zu verlas-
sen. Beim Kartenlegen mit den Zigeunermädchen **Mer-
cédès** und **Frasquita** sieht sie ihren und **Josés** Tod. Die
Schmuggler ziehen weiter, **José** bleibt zurück. **Escamillo**,
Carmens neuer Verehrer, trifft auf ihn, es kommt zu einer
Messerstecherei. Die zurückgekehrte **Carmen** wirft sich
dazwischen. Der Torero lädt alle zum Stierkampf nach
Sevilla ein. **Micaëla**, die den Schmugglern gefolgt ist, wird
von **Remendado** entdeckt. Sie beschwört **José**, zu seiner
kranken Mutter zurückzukehren. **José** folgt ihr.

4. Akt:
Vor der Stierkampfarena erscheint **Carmen** mit **Escamillo**,
ihrem neuen Liebhaber. **Mercédès** und **Frasquita** warnen
Carmen: Sie hätten **José** hier gesehen. Als das Volk in die
Arena strömt, versperrt **José Carmen** den Weg. Er liebt
sie noch immer und fleht sie an, zu ihm zurückzukehren.
Carmen weigert sich. In seiner Verzweiflung und rasend
vor Eifersucht ersticht **José Carmen**.

Arbeitsblatt: Aufgabe A)

„Du siehst hier Ovale und Rechtecke – umrahme die folgenden Begriffe mit der einen oder anderen Form:"

Mögliche Lösung: männlich – weiblich; weich – hart; stark – schwach; geordnet – beliebig; sachlich – gefühlvoll; gefangen – frei; erotisch – nüchtern; rhythmisch – melodisch

Bildteil 1

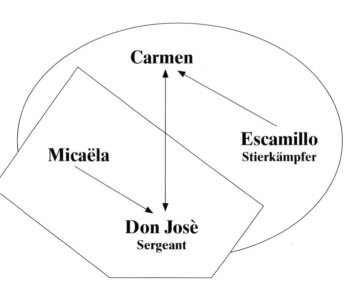

Dramatische Kernaussage

Zwei extreme Lebenswelten treffen aufeinander
absolute Ordnung (Militär) – absolute Freiheit (Zigeuner)

Impuls zur Bilderstellung

„Absolute Ordnung – absolute Freiheit – welche Bereiche des Lebens (Gruppen, Orte, Berufe etc.) stehen wofür?"
> Schule – Freizeit; Arbeit – Spiel; Büroangestellter – Hippie etc.

Hörbeispiele zur Bilderstellung

1. Akt, Nr. 3 Coro dei monelli (Chor der Straßenjungen)
> Kinder marschieren hinter den Soldaten bei der Wachablösung (Trompetensignal, Marschrhythmus, Kommandos).
2. Akt, Nr. 12 Les tringles des sistres tintaient (Zigeunerlied)
> Zigeuner (korrekt heute: Sinti und Roma) stehen zur Zeit Bizets für freies Leben ohne Wohnsitz und geregelte Arbeit.

Bildteil 2

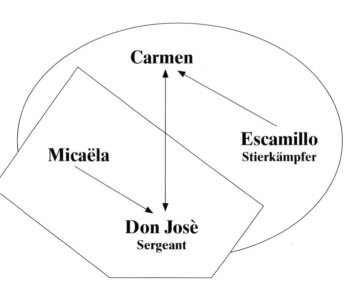

Drebinger: Oper auf den Punkt gebracht
© Brigg Pädagogik Verlag GmbH, Augsburg

Dramatische Kernaussage

Impuls zur Bilderstellung
Arbeitsblatt: Aufgabe B)

Bildteil 3

Personenkonstellation des dramatischen Konflikts

„Lies die Inhaltsbeschreibung von Akt I und II. Welche Personen hältst du für die vier zentralen Figuren der Oper? Trage sie im Arbeitsblatt ein und setze sie in Beziehung zueinander!" > Michaëla sucht Don José, liebt ihn heimlich; Carmen verführt José, er verfällt ihr nach einigem Widerstreben; Escamillo macht Carmen Avancen, Carmen erwidert diese später. (José und Escamillo werden zu Rivalen.)

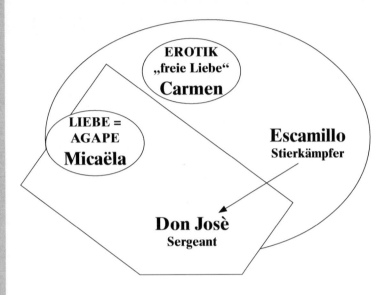

Dramatische Kernaussage

Impuls zur Bilderstellung

Personencharakteristik und -symbolik

„Der Begriff Liebe wird vielfältig interpretiert – nenne Beispiele!"
> Sex, Erotik, Agape, Nächstenliebe, Freundschaft, Zuneigung etc.
„Welche Charaktereigenschaften haben die Personen? Wofür stehen sie?"
> Carmen: Erotik, Verführung, „Freie Liebe"
> Don José: zuerst Ruhe, Zweifel, Unsicherheit, „Muttersöhnchen"
> Michaëla: Fürsorge, Kuss der Mutter, Geborgenheit, Freundin, Zuneigung
> Escamillo: Mut, Kühnheit, Machismo

Hörbeispiele zur Bilderstellung
Textblatt

1. Akt, Nr. 5: Carmen, Habanera: „L'amour est un oiseau rebelle" („Die Liebe ist ein widerspenstiger Vogel")
„Klopfe den Rhythmus des Orchesters!" > Markant; gleichbleibend; tänzerisch; körperbetont; „Rhythmos" steht bei den Griechen für das Körperliche
„Woher kennst du diesen Rhythmus?" > Tango
„Was weißt du über den Tango?" > Eng getanzt; erotisch; aus Argentinien oder Kuba; afrikanische Elemente; im Zuhältermilieu; von der Kirche abgelehnt …
„Beschreibe Musik und Textaussage!" > Absteigende Chromatik in der Melodie (> lasziv, verschleiert, …)
> Eindeutige Textaussage: „Liebe" legt sich nicht auf einen fest.

1. Akt, Nr. 7: José und Michaëla, Duett: Parle moi de ma mère" („Erzähl mir von meiner Mutter")
„Worum geht es im Inhalt?" > Kuss der Mutter, also nicht erotisch;
„In welcher Folge singen die beiden zusammen?" > Erst abwechselnd, dann gleichzeitig – ein Herz, eine Seele! „Wie ist die Melodie?" > Wellenförmig; lange Linie; langer Atem; Atem und „Melos" stehen bei den Griechen für das geistige Element.

2. Akt, Nr. 14 „Voitre toast je peux vous le rendre"(„Euren Toast kann ich wohl erwidern")
„Beschreibe, wie sich Escamillo bei seinem ersten Auftritt musikalisch vorstellt!"
> Einfache liedhafte Schilderung einer Corrida (Stierkampf) und des Erfolges bei Frauen:

schwungvoller Auftakt des ganzen Orchesters; marschartiger Rhythmus; triumphale Triolenläufe; Fortissimo; Refrain zurückgenommen ins Piano, aber rhythmisch pulsierend, Spannung aufbauend und vom Chor dann im jubelnden Forte wiederholt.

2. Akt, Nr. 17: Duett Don José, Blumenarie: „La fleur que tu m'avais jetée"(„Die Blüte, die du mir zugeworfen hattest")
„Wie drückt Don José seine Liebe musikalisch aus?"
> Nach dem Tanz Carmens und dem spöttischen Imitieren des Trompetensignals beginnt José ruhig, aber mit melodischem Akzent; Melodieverlauf und Temposchwankungen zeigen das Auf und Ab seiner Gefühle. Der Ausdruckshöhepunkt wird durch ein „ehrliches" „Carmen, ich liebe dich" ohne Orchesterbegleitung im Pianissimo dargestellt.

Impulse zur Reflexion des fertigen Bildes

„Warum entsteht der dramatische Konflikt?" > Gegensätzliche Lebenswelten;
> gegensätzliche Interpretationen von „Liebe"; > unerfüllte Liebeskette (Micaëla will Don José, José will Carmen, Carmen will Escamillo).
„Bilde eine Kette der verhängnisvollen Ereignisse, durch die ein ‚harmloser' Junge zum Mörder wurde!" > Verführung – Dienstvergehen – Gewalt gegen einen Vorgesetzten – Aufgabe der gewohnten Ordnung – Beihilfe zum Schmuggel – kein Weg zurück – Verlustängste – Eifersucht – Flehen – Mord.

Arbeitsblatt: Aufgabe C)

„Notiere die vier zentralen Personen auf einem gesonderten Blatt noch einmal, höre zu jeder Person ein typisches Musikbeispiel und ordne die Adjektive von oben den Personen zu! Wo kommen die oben gemachten Wort- und Formzuordnungen durcheinander? Wie sind die Abweichungen zu interpretieren?"
> Carmen steht zwar im „erotischen, weiblichen" Oval, erhält aber „männliche" Attribute: hart, stark, rhythmisch.
> Don José steht zwar im „männlichen" Rechteck, erhält aber „weibliche" Attribute: weich, schwach, gefühlvoll, melodisch.

Hörbeispiele zur Reflexion des fertigen Bildes

„Schicksalsmotiv" Ouvertüre (Andante moderato); „Wann hören wir dieses Motiv in der Oper? Vergleiche dein Ergebnis mit der Kette der verhängnisvollen Ereignisse!" > *Nr.6 und 6 a (Carmen nähert sich José);* > *Nr. 9 (vor: „Carmen zu D. José"), Nr. 29 (Andantino „Carreau! Pique!"); Nr. 26 (Schluss); Nr. 27 (Schluss).*
„Der letzte Satz Josés (und der Oper) lautet: *Vous pouvez m'arréter... c'est moi qui l'ai tuée! Ah! Carmen! Ma Carmen adorée! (Ihr könnt mich festnehmen ...Ich habe sie getötet. Ach! Carmen! Meine angebetete Carmen!)* – Was sagt dieser Satz über Josés Seelenzustand aus? Ist das nachvollziehbar? Sind sein Verhalten und die ganze Handlung der Oper realistisch? Sammle Beispiele aus der Tagespresse!"

Drebinger: Oper auf den Punkt gebracht
© Brigg Pädagogik Verlag GmbH, Augsburg

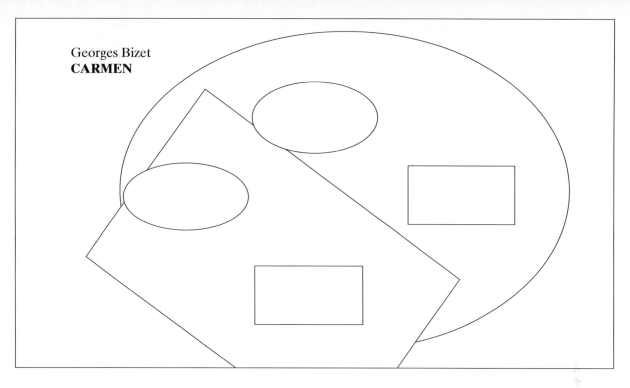

Aufgabe A)

Du siehst oben Ovale und Rechtecke – umrahme die folgenden Begriffe mit der einen oder anderen Form:

männlich – weiblich; weich – hart; stark – schwach; geordnet – beliebig; sachlich – gefühlvoll; gefangen – frei; erotisch – nüchtern; rhythmisch – melodisch

Aufgabe B)

Lies die Inhaltsbeschreibung der Oper von Akt I und II!

1. Welche Personen hältst du für die vier zentralen Figuren der Oper? Trage sie in die kleinen Formen ein!

2. Zeige durch Pfeile und durch Beschriftungen auf, in welcher Beziehung diese Personen zueinander stehen!

3. Welche Personen passen ihrer Herkunft und ihrem Lebensbereich nach eher zueinander?

4. Überlege genau, welche beiden Personen in das große Rechteck und welche in das große Oval passen, und versuche deine Entscheidung zu begründen. Wofür könnten die beiden großen Formen stehen?

Aufgabe C)

Notiere die vier zentralen Personen auf einem gesonderten Blatt noch einmal, höre zu jeder Person ein typisches Musikbeispiel und ordne die Adjektive von oben den Personen zu! Wo kommen die oben gemachten Wort- und Formzuordnungen durcheinander? Wie sind die Abweichungen zu interpretieren?

Nr. 5 Havanaise
CARMEN
L'amour est un oiseau rebelle
que nul ne peut apprivoiser,
et c'est bien en vain qu'on l'appelle,
s'il lui convient de refuser!
Rien n'y fait, menace ou prière,
l'un parle bien, l'autre se tait;
et c'est l'autre que je préfère,
il n'a rien dit, mais il me plaît.

L'amour est enfant de Bohême,
il n'a jamais, jamais connu de loi,
si tu ne m'aimes pas, je t'aime,
si je t'aime, prends garde à toi!

L'oiseau que tu croyais surprendre
battit de l'aile et s'envola;
l'amour est loin, tu peux l'attendre,
tu ne l'attends plus, il est là.
Tout autour de toi, vite, vite,
il vient, s'en va, puis il revient;
tu crois le tenir, il t'évite,
tu crois l'éviter, il te tient!

Nr. 7 Duo
JOSÉ
Parle-moi de ma mère!
Parle-moi de ma mère!

MICAËLA
J'apporte de sa part, fidèle messagère,
cette lettre …

JOSÉ
(joyeux, regardant la lettre)
Une lettre!

MICAËLA
Et puis un peu d'argent,
Elle lui remet une petite bourse.
pour ajouter à votre traitement.
Et puis …

JOSÉ
Et puis?…

MICAËLA
Et puis … vraiment je n'ose …
Et puis … encore une autre chose
qui vaut mieux que l'argent! Et qui, pour un bon fils
aura sans doute plus de prix.

JOSÉ
Cette autre chose, quelle est-elle?
Parle donc …

MICAËLA
Oui, je parlerai.
Ce que l'on m'a donné, je vous le donnerai.
Votre mère avec moi sortait de la chapelle,
et c'est alors qu'en m'embrassant:
Tu vas, m'a-t-elle dit, t'en aller à la ville;
la route n'est pas longue; une fois à Séville,

Nr. 5 Habanera
CARMEN
Die Liebe ist ein widerspenstiger Vogel,
den keiner zähmen kann,
und man ruft ihn vergebens,
wenn es ihm nicht zu kommen beliebt.
Nichts hilft dann, Drohen oder Bitten,
der eine kann gut reden, der andere ist ein Schweiger;
und es ist der andere, den ich vorziehe;
er hat nichts gesagt, aber er gefällt mir.

Die Liebe ist ein Zigeunerkind.
Sie hat niemals, niemals Gesetze gekannt;
wenn du mich nicht liebst, liebe ich dich;
wenn ich dich liebe, nimm dich in Acht!

Der Vogel, den du zu überlisten glaubtest,
schlug mit den Flügeln und flog davon …
Die Liebe ist fern, du kannst auf sie warten.
Du erwartest sie nicht mehr … schon ist sie da …
Ganz um dich herum, schnell, schnell
kommt sie, geht sie davon, kommt dann wieder …
Du glaubst sie festzuhalten, sie weicht dir aus,
du glaubst ihr auszuweichen, sie hält dich fest.

Nr. 7 Duett
JOSÉ
Erzähl mir von meiner Mutter!
Erzähl mir von meiner Mutter!

MICAËLA
Ich bringe als treue Botin
von ihr diesen Brief.

JOSÉ
betrachtet den Brief
Einen Brief.

MICAËLA
Und dann ein wenig Geld,
Sie gibt ihm eine kleine Börse
zusätzlich zu Eurem Sold,
und dann …

JOSÉ
Und dann?

MICAËLA
Und dann … Ich traue mich wirklich nicht,
und dann … noch etwas anderes,
das mehr wert ist als das Geld und das
für einen guten Sohn gewiss mehr Wert hat.

JOSÉ
Was ist diese andere Sache?
Sprich doch!

MICAËLA
Ja, ich werde sprechen;
was man mir gegeben hat, werde ich Euch geben.
Eure Mutter trat mit mir aus der Kapelle,
und da sagte sie zu mir, während sie mich küsste,
du wirst in die Stadt gehen,
die Strecke ist nicht weit; in Sevilla angekommen,

Drebinger: Oper auf den Punkt gebracht
© Brigg Pädagogik Verlag GmbH, Augsburg

tu chercheras mon fils, mon José, mon enfant!
Tu chercheras mon fils, mon José, mon enfant!

Et tu lui diras que sa mère
songe nuit et jour à l'absent,
qu'elle regrette et qu'elle espère,
qu'elle pardonne et qu'elle attend.
Tout cela, n'est-ce pas, mignonne,
de ma part tu le lui diras;
et ce baiser que je te donne,
de ma part tu le lui rendras.

JOSÉ
(très ému)
Un baiser de ma mère!

MICAËLA
Un baiser pour son fils! …

JOSÉ
Un baiser de ma mère!

MICAËLA
Un baiser pour son fils! …
José, je vous le rends comme je l'ai promis!
Micaëla se hausse un peu sur la pointe des pieds
et donne à José un baiser bien franc, bien maternel.
Don José très-ému la laisse faire.
Il la regarde bien dans les yeux. Un moment de silence.

JOSÉ
(continuant de regarder Micaëla)
Ma mère, je la vois! … oui, je revois mon village!
O souvenirs d'autrefois! Doux souvenirs du pays!
Doux souvenirs du pays! O souvenirs chéris!
O souvenirs! O souvenirs chéris,
vous remplissez mon coeur de force et de courage!
O souvenirs chéris! Ma mère, je la vois,
je revois mon village!

MICAËLA
Sa mère, il la revoit! Il revoit son village!
O souvenirs d'autrefois! Souvenirs du pays!
Vous remplissez son coeur de force et de courage!
O souvenirs chéris! Sa mère, il la revoit,
il revoit son village!

JOSÉ
(les yeux fixés sur la manufacture)
Qui sait de quel démon j'allais être la proie!
Même de loin, ma mère me défend,
et ce baiser qu'elle m'envoie,
ce baiser qu'elle m'envoie,
écarte le péril et sauve son enfant!

MICAËLA
Quel démon? Quel péril? Je ne comprends pas bien …
Que veut dire cela?

JOSÉ
Rien! Rien!
Parlons de toi, la messagère;
tu vas retourner au pays?

MICAËLA
Oui, ce soir même … demain je verrai votre mère.

wirst du meinen Sohn aufsuchen,
meinen José, mein Kind …

und du wirst ihm sagen, dass seine Mutter
Tag und Nacht an den fernen Sohn denkt …
dass sie ihn vermisst und dass sie für ihn hofft,
dass sie verzeiht und dass sie wartet;
all das, mein Herzblatt, wirst du
ihm doch von mir sagen,
und diesen Kuss, den ich dir gebe,
wirst du ihm von mir übermitteln.

JOSÉ
(sehr bewegt)
Einen Kuss meiner Mutter?

MICAËLA
Einen Kuss für ihren Sohn.

JOSÉ
Einen Kuss meiner Mutter?

MICAËLA
Einen Kuss für ihren Sohn!
José, ich übermittle ihn Euch, wie ich es versprach.
Micaëla stellt sich etwas auf die Zehenspitzen und gibt
Don José einen sehr offenherzigen, sehr mütterlichen
Kuss. Don José, der sehr bewegt ist, lässt sie gewähren.
Er sieht ihr tief in die Augen. – Ein Augenblick der Stille.

JOSÉ
(sieht Micaëla weiter an)
Meine Mutter sehe ich … ja, ich sehe mein Dorf wieder!
O Erinnerungen an früher, süße Erinnerungen an die Heimat!
Süße Erinnerungen an die Heimat!
O liebe Erinnerungen!
Ihr erfüllt mein Herz mit Kraft und Mut.
O liebe Erinnerungen!
Meine Mutter sehe ich, ich sehe mein Dorf wieder!

MICAËLA
Seine Mutter sieht er wieder! Sein Dorf sieht er wieder!
O Erinnerungen an früher! Erinnerungen an das Heimatland!
Ihr erfüllt sein Herz mit Kraft und Mut.
O liebe Erinnerungen!
Seine Mutter sieht er wieder, sein Dorf sieht er wieder!

JOSÉ
heftet die Augen auf die Tabakfabrik
Wer weiß, welches Dämons Beute ich fast wurde!
Selbst aus der Ferne verteidigt mich meine Mutter,
und dieser Kuss, den sie mir schickt,
dieser Kuss, den sie mir schickt,
wendet die Gefahr ab und rettet ihr Kind.

MICAËLA
Welcher Dämon, welche Gefahr? Ich verstehe nicht recht.
Was heißt das?

JOSÉ
Nichts! Nichts!
Sprechen wir von dir, der Botin.
Du wirst in die Heimat zurückkehren …

MICAËLA
Ja, noch diesen Abend, morgen sehe ich Eure Mutter.

Drebinger: Oper auf den Punkt gebracht
© Brigg Pädagogik Verlag GmbH, Augsburg

JOSÉ
Tu la verras! Eh bien! Tu lui diras:
que son fils l'aime et la vénère
et qu'il se repent aujourd'hui.
Il veut que là-bas sa mère
soit contente de lui!
Tout cela, n'est-ce pas, mignonne,
de ma part, tu le lui diras!
Et ce baiser que je te donne,
de ma part, tu le lui rendras!
Il l'embrasse.

MICAËLA
Oui, je vous le promets … de la part de son fils,
José, je le rendrai, comme je l'ai promis.

JOSÉ
Ma mère, je la vois! …

MICAËLA
Sa mère, il la revoit …

Nr. 14 Couplets
ESCAMILLO
Votre toast, je peux vous le rendre,
señors, señors, car avec les soldats
oui, les toreros peuvent s'entendre;
pour plaisirs, pour plaisirs, ils ont les combats!
Le cirque est plein, c'est jour de fête!
Le cirque est plein du haut en bas;
les spectateurs perdant la tête,
les spectateurs s'interpellent à grands fracas!
Apostrophes, cris et tapage
poussés jusques à la fureur!
Car c'est la fête du courage!
C'est la fête des gens de coeur!
Allons! En garde!
Allons! Allons! Ah!
Toréador, en garde!
Toréador! Toréador!
Et songe bien, oui, songe en combattant
qu'un oeil noir te regarde
et que l'amour t'attend,
Toréador, l'amour, l'amour t'attend!

Tout d'un coup, on fait silence,
on fait silence … ah! Que se passe-t-il?
Plus de cris, c'est l'instant!
Le taureau s'élance en bondissant hors du toril!
Il s'élance!
Il entre, il frappe! … un cheval roule,
entraînant un picador.
„Ah! Bravo! Toro!" hurle la foule,
le taureau va … il vient … il vient et frappe encor!

En secouant ses banderilles,
plein de fureur, il court! …
Le cirque est plein de sang!
On se sauve … on franchit les grilles! …
C'est ton tour maintenant!
Allons! En garde! Allons! Allons! Ah!
Toréador, en garde!
Toréador! Toréador!

JOSÉ
Du wirst sie sehen! Nun gut, du wirst ihr sagen,
dass ihr Sohn sie liebt und verehrt
und dass er heute Reue empfindet.
Er möchte, dass dort
seine Mutter mit ihm zufrieden ist!
All das, nicht wahr, meine Kleine,
wirst du ihr von mir sagen;
und diesen Kuss, den ich dir gebe,
gibst du ihr von mir zurück.
Er küsst sie.

MICAËLA
Ja, ich verspreche es Euch … von ihrem Sohn José
werde ich ihn, wie versprochen, übermitteln.

JOSÉ
Ich sehe meine Mutter usw.

MICAËLA
Er sieht seine Mutter usw.

Nr. 14 Couplet
ESCAMILLO
Euren Toast … kann ich erwidern,
Señiores, Señiores, denn mit den Soldaten
können sich Toreros gut verstehen.
Ihr Vergnügen ist der Kampf.
Die Arena ist voll, es ist Feiertag,
die Arena ist von oben bis unten gefüllt.
Die Zuschauer verlieren den Kopf,
die Zuschauer schreien untereinander
mit großem Lärm: Zurufe, Schreie und Krakeel,
exzessiv bis zur Raserei.
Denn das ist das Fest des Mutes,
es ist das Fest der beherzten Leute.
Auf in den Kampf! Auf! Auf! Ah!
Torero, auf in den Kampf,
Torero, Torero,
und denk daran, ja denk beim Kampf daran,
dass ein schwarzes Aug' dir zusieht
und dass die Liebe dich erwartet.
Torero, die Liebe,
die Liebe erwartet dich!

Plötzlich sind alle still;
alle sind still. Ah, was geschieht?
Keine Schreie mehr; es ist der Augenblick,
da der Stier in Sprüngen aus dem Zwinger herausstürzt …
Er stürzt heraus, er kommt herein, er stößt zu, ein Pferd
stürzt zu Boden
und reißt den Picador mit sich.
„Ah, bravo dem Stier!", heult die Menge.
Der Stier läuft hierhin … läuft dorthin …
läuft und stößt wieder zu!
Er schüttelt die Banderillas
voller Wut, er läuft!
Die Arena ist voller Blut;
alles rettet sich, man übersteigt die Gitter;
jetzt bist du an der Reihe.
Auf in den Kampf! Auf! Auf! Ah!
Torero, auf in den Kampf!
Torero, Torero!

Drebinger: Oper auf den Punkt gebracht
© Brigg Pädagogik Verlag GmbH, Augsburg

Et songe bien, oui, songe en combattant
qu'un oeil noir te regarde
et que l'amour t'attend,
Toréador, l'amour, l'amour t'attend!

Und denk daran, ja denk beim Kampf daran,
dass ein schwarzes Aug' dir zusieht
und dass die Liebe dich erwartet.
Torero, die Liebe erwartet dich!

Nr. 17
JOSÉ
La fleur que tu m'avais jetée
dans ma prison m'était restée,
flétrie et sèche, cette fleur
gardait toujours sa douce odeur;
et pendant des heures entières,
sur mes yeux, fermant mes paupières,
de cette odeur je m'enivrais
et dans la nuit je te voyais!
Je me prenais à te maudire,
à te détester, à me dire:
pourquoi faut-il que le destin
l'ait mise là sur mon chemin!
Puis je m'accusais de blasphème,
et je ne sentais en moi-même,
je ne sentais qu'un seul désir, un seul désir, un seul espoir:
te revoir, ô Carmen, oui, te revoir!
Car tu n'avais eu qu'à paraître,
qu'à jeter un regard sur moi,
pour t'emparer de tout mon être,
ô ma Carmen!
Et j'étais une chose à toi!
Carmen, je t'aime!

Nr. 17
JOSÉ
Die Blüte, die du mir zugeworfen hattest,
ist mir in meinem Gefängnis geblieben;
verwelkt und trocken bewahrte
diese Blüte stets ihren süßen Duft;
und ganze Stunden lang
auf meinen Augen bei geschlossenen Lidern,
berauschte ich mich an diesem Duft,
und in der Nacht sah ich dich.
Ich begann dich zu verfluchen,
dich zu verachten, mir zu sagen:
Warum musste das Schicksal
sie mir über den Weg schicken?
Dann klagte ich mich der Blasphemie an,
und ich fühlte in mir selbst
nur ein einzig Verlangen, eine einzige Hoffnung,
dich, o Carmen, wiederzusehen, ja, dich wiederzusehen! …
Denn du hattest nur erscheinen,
nur einen Blick auf mich werfen müssen,
um mein ganzes Wesen in Besitz zu nehmen,
o meine Carmen,
und ich gehörte dir an.
Carmen, ich liebe dich!

Drebinger: Oper auf den Punkt gebracht
© Brigg Pädagogik Verlag GmbH, Augsburg

Gaetano Donizetti

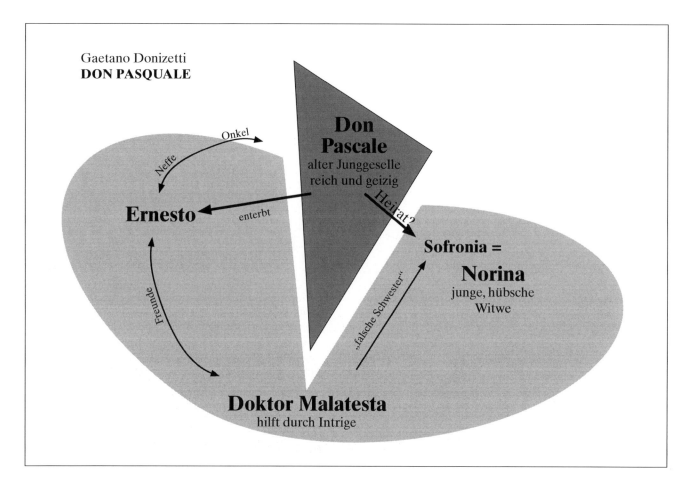

Gaetano Donizetti
DON PASQUALE

Don Pascale
alter Junggeselle
reich und geizig

Onkel

Neffe

Ernesto

enterbt

Heirat?

Freunde

"falsche Schwester"

Sofronia =
Norina
junge, hübsche
Witwe

Doktor Malatesta
hilft durch Intrige

Gaetano Donizetti
* 29. November 1797 in Bergamo
† 8. April 1848 in Bergamo

DON PASQUALE
Komische Oper in drei Akten
Text: G. Donizetti
Uraufführung: Paris 1843
Aufführungsdauer: 1 Std. 45 Min.

Rom, in der zweiten Hälfte des 18. Jahrhunderts

1. Akt:
Don Pasquale, ein ebenso reicher wie geiziger Junggeselle, will auf seine alten Tage noch heiraten. Seinem Neffen **Ernesto**, der die junge, hübsche Witwe **Norina** liebt, gönnt er eine Hochzeit nicht. Er soll entweder eine reiche Partie machen oder enterbt das Haus verlassen. **Dr. Malatesta**, **Don Pasquales** Hausarzt und ein enger Freund **Ernestos**, ersinnt ohne Wissen Ernestos einen Plan, um den alten Lüstling zu kurieren und um dem jungen Paar zu helfen. Er schlägt dem Alten seine angebliche Schwester **Sofronia** als Braut vor. Sie sei im Kloster erzogen worden, voller Liebreiz und ein Vorbild an Tugend und Sparsamkeit. **Don Pasquale** ist begeistert. **Sofronia** ist aber niemand anderes als **Norina**.

2. Akt:
Don Pasquale ist entzückt von der schüchternen **Sofronia**. Die Heirat wird sofort vollzogen, allerdings von einem falschen Notar. Im Heiratsvertrag verspricht **Don Pasquale** seiner Frau die Hälfte seiner Güter. Ernesto ist nach einem kurzen Schreckmoment in die Intrige eingeweiht worden und fungiert als Trauzeuge. Doch sofort nach der Heirat ist **Sofronia** wie umgewandelt: Sie weist die unbeholfenen Zärtlichkeiten ihres Gatten mit Vehemenz zurück und wirft sein Geld zum Fenster hinaus, indem sie das Haus neu ausstaffiert, neue Kutschen und Kleider kauft und zusätzlich zwei Dutzend Dienstboten einstellt.

3. Akt:
Don Pasquale wird immer wütender über die Verschwendungssucht seiner Frau. Er will ihr verbieten ins Theater zu gehen, wird aber von ihr mit einer Ohrfeige ins Bett geschickt. Als er nun noch einen Brief findet, in dem ein Liebhaber **Sofronia** zum Stelldichein in den Garten bittet, möchte er sie am liebsten wieder loswerden.
Don Pasquale und **Malatesta** verstecken sich im Garten, um die Untreue zu ertappen. **Pasquale** ist sogar bereit, einer Hochzeit **Ernestos** mit **Norina** zuzustimmen, wenn er nur **Sofronia** wieder loswerden könnte. **Ernesto** singt **Norina** ein Ständchen, **Don Pasquale** findet aber nur **Sofronia** vor und will sie aus dem Hause weisen. Sie aber beansprucht die Hälfte seines Besitzes. **Malatesta** drängt sie, sie müsse das Haus aber mit der zukünftigen Frau **Ernestos** teilen, was von **Don Pasquale** jetzt unterstützt wird, worauf **Sofronia** freiwillig den Platz räumt. Der Komplott wird aufgedeckt: **Sofronia** gibt sich als **Norina** zu erkennen, ist wieder wie umgewandelt und **Don Pasquale** sieht seinen Irrtum mit Humor ein.

Drebinger: Oper auf den Punkt gebracht
© Brigg Pädagogik Verlag GmbH, Augsburg

Gioacchino Rossini

Gioacchino Rossini
IL BARBIERE DI SIVIGLIA
(Der Barbier von Sevilla)

Vormund

Dr. Bartolo

Heirat?

Rosina

Misstrauen

Don Basilio

Graf Almaviva
= **Lindoro**
= (**Regimentstierarzt**)
= (**Gesangslehrer**)

Hilfe durch Intrige

Figaro

Gioacchino Rossini
* 29. Februar 1792 in Pesaro
† 13. November 1868 in Passy bei Paris

IL BARBIERE DI SIVIGLIA
(Der Barbier von Sevilla)
Komische Oper in zwei Akten
Text: C. Sterbini nach Beaumarchais
Uraufführung: Rom 1816
Aufführungsdauer: 2 Std. 30 Min.

Sevilla, 18. Jahrhundert

1. Akt:
Dr. Bartolo bewacht sein Mündel Rosina sehr streng, denn er plant, sie zu heiraten. **Graf Almaviva** wirbt um sie, indem er ihr ein Ständchen bringt. Da dies nicht so gelingt, bittet er **Figaro** um Hilfe. Dieser hat sofort einen Plan parat.
In **Bartolos** Haus berichtet **Figaro Rosina** von der Liebe des Grafen, bezeichnet diesen aber zur Tarnung als einen Studenten namens **Lindoro**. **Dr. Bartolo** hat in der Zwischenzeit mitbekommen, dass sich **Graf Almaviva** in Sevilla aufhält und hinter **Rosina** her ist; doch der Musikmeister **Don Basilio** erklärt ihm, er werde den **Grafen** durch eine Verleumdung bei **Rosina** unmöglich machen. **Figaro** hört dies und informiert **Rosina**.
Lärmend und sich betrunken stellend erscheint **Almaviva** als Soldat verkleidet im Hause **Bartolos** und verlangt Quar-

tier. Es kommt zu einer lautstarken Auseinandersetzung mit dem Doktor, die herbeieilende Wache soll den „Soldaten" festnehmen, der weist sich jedoch aus und kommt ungeschoren davon.

2. Akt:
Laut Alternativplan hat sich **Almaviva** als Musiklehrer verkleidet und soll den angeblich krank gewordenen **Don Basilio** vertreten. **Bartolo** ist aber misstrauisch und lässt den „Musiklehrer" beim Unterricht mit **Rosina** nicht allein: **Figaro** muss die tägliche Rasur im gleichen Raum vornehmen. Unvermutet steht der richtige Musikmeister **Don Basilio** plötzlich im Raum, kann aber mit einem Beutel Geld zum Schweigen gebracht werden.
Obwohl diese Situation gerettet ist, erwischt **Bartolo** den falschen Musiklehrer und wirft ihn hinaus.
Dr. Bartolo ist beunruhigt: Er will die Hochzeit beschleunigen und eilt zum Notar.
Während es draußen stürmt, sind **Almaviva** und **Figaro** mit der Leiter ins verschlossene Haus zu **Rosina** gelangt. Diese wird über die wahre Identität des **Grafen** aufgeklärt. Als sie über die Leiter fliehen wollen, ist diese jedoch weg. Die Sache wird brenzlig: Als erste erscheinen der **Notar** und **Don Basilio**. Schnell lassen sich **Almaviva** und **Rosina** trauen; **Figaro** und der halb bestochene und halb genötigte **Basilio** sind Trauzeugen. Als **Dr. Bartolo** eintritt, ist der Hochzeitsvertrag schon geschlossen.

Gaetano Donizetti: Don Pasquale
Gioachino Rossini: Il barbiere di Siviglia

Bildteil 1

Dramatische Kernaussage

Ein Modell: „Sie konnten zusammen nicht kommen …"

Impuls zur Bilderstellung

„Sieh dir dieses Bild an! Es symbolisiert viele dramatische Personenkonstellationen oder Drameninhalte. Was könnte es bedeuten?" > Herz = Liebesbeziehung; Keil = Situation oder Person stört oder zerstört diese Beziehung.

Bildteil 2

Dramatische Kernaussage

Die Personenkonstellation – ein Modell

Impuls zur Bilderstellung
Arbeitsblatt: Aufgabe A)

„Lies die Inhaltsbeschreibungen der beiden Opern und trage die Personen in die Grafiken ein!" > S. o.: Obwohl beide Opern unterschiedliche Geschichten erzählen, ist das Personenmodell sehr ähnlich.
„Warum stehen die beiden männlichen und weiblichen Partner der Paare nicht auf derselben Seite?" > Da einmal die Frau (Norina) und das andere Mal der Mann (Almaviva) sich verstellen müssen.

Dramatische Kernaussage

a) Ein Modell: Der unmögliche Alte
b) Ein Modell: Der hilfsbereite Intrigant
c) Ein Modell: Das Kätzchen zeigt die Krallen
d) Ein Modell: Der verliebte Tenor singt Ständchen

Drebinger: Oper auf den Punkt gebracht
© Brigg Pädagogik Verlag GmbH, Augsburg

Impuls zur Bilderstellung Arbeitsblatt: Aufgabe B)	„Beschreibe die Eigenschaften der einzelnen Figuren in jeder Oper, indem du die Begriffe auf dem Arbeitsblatt den Personen im Rahmen zuordnest!" – Don Pasquale/Dr. Bartolo: geizig; eingebildet; lüstern; bevormundend; misstrauisch; genervt. – Dr. Malatesta/Figaro: geschäftig; gewitzt; gestresst; sich verstellend; scheinheilig. – Norina/Rosina: schnippisch; kapriziös; giftig; sich verstellend (Norina auch als Rolle). – Ernesto/Almaviva: schmachtend; sich verstellend (Almaviva auch als Rolle). (Ggf. auch (a) Lesen der Arientexte oder (b) Selbstbeschreibungen mit verteilten Rollen: „Mein Name ist …; ich bin …" oder (c) als Pantomime zu den Arien. „Ist es heute noch realistisch, dass junge Paare bevormundet werden und nicht zusammenkommen können? Suche Beispiele!" > Das Beispiel des Vormunds findet sich nicht nur in der Literatur, in vielen Kulturen bestimmt auch heute noch der Familienälteste über Beziehungen. Auch in Filmen wird familiärer Widerstand gegen eine Beziehung thematisiert; dort droht der Vormund meist mit Enterben.
Hörbeispiele zur Bilderstellung Textblatt	Don Pasquale: Ad a) *1. Akt, Nr. 3: Kavatine des Don Pasquale „Non c'è ma, volate" („Ein Feuer, Feuer")* Ad b) *1. Akt, Nr. 2: Romanze des Malatesta „Bella siccome un angelo" („Schön wie ein holder Engel")* Ad c) *1. Akt, Nr. 5: Arie der Norina „Quel guardo il cavaliere" („O diese Glut in Blicken") und 3. Akt, Nr. 11: Duett Don Pasquale – Norina „Signorina, in tanta fretta" („Ei, wohin in solcher Eile")* Ad d) *3. Akt, Nr. 14: Serenade des Ernesto mit Chor „Ich harre dein im Mondschein"* Il Barbiere di Siviglia: Ad a) *1. Akt, Nr. 7: Arie des Dr. Bartolo „A un Dottor della mia sorte" („Einen Doktor meinesgleichen")* Ad b) *1. Akt, Nr. 2: Kavatine des Figaro „Largo al factotum de la città" („Ich bin das Faktotum der schönen Welt")* Ad c) *1. Akt, Nr. 4: Kavatine der Rosina „Una voce poco fa" („Frag ich mein beklomm'nes Herz")* Ad d) *1. Akt, Nr. 1: Kavatine des Almaviva „Ecco ridente il cielo" („Sieh schon die Morgenröte")*
Dramatische Kernaussage	**Ein Modell: Und am Ende wird's turbulent!**
Impuls zur Bilderstellung	„Vergleiche die Schlussszenen beider Opern! Welche Gemeinsamkeiten stellst du trotz unterschiedlicher Handlungen fest?" > Alle Hauptfiguren treffen aufeinander; die Spannung steigt; die Lösung kommt jedoch sehr schnell; am Ende scheinen alle (auch Don Pasquale und Dr. Bartolo) zufrieden zu sein.
Hörbeispiele zur Bilderstellung	*Finale*
Dramatische Kernaussage	**Die Tragödie zeigt uns die Welt, wie sie ist, die Komödie zeigt uns, wie man in dieser Welt überlebt.**
Impuls zur Bilderstellung	„Die Grafik mit der das Herz teilenden Spitze lässt eher eine tragische Handlung erwarten." „Nenne einige tragische Geschichten, die durch diese Grafik dargestellt werden!" > Othello; Tosca etc. „Auch in einer Komödie ist die Ausgangssituation meist sehr dramatisch, das Geschehen wandelt sich aber zum Guten. Was würde bei einer tragisch endenden Geschichte im Vergleich zur Grafik der Komödie fehlen?" > Die Person, die an der Spitze des Herzens die beiden Liebenden zusammenbringt. „Diskutiere die oben genannte *dramatische Kernaussage* über Tragödie und Komödie!" > Die Tragödie zeigt ein Weltbild, in dem das Individuum dem Schicksal ausgeliefert ist und keine Chance hat. Ein Blick in die Welt mag dieses Weltbild bestätigen. Der Mensch bedarf aber des Optimismus, um überleben zu können, und setzt seine Kreativität ein, um Probleme zu lösen (Lebenserhaltung).

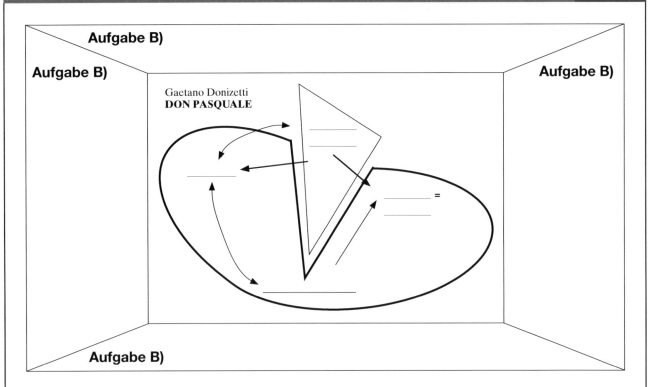

Aufgabe A)

Lies die Inhaltsangaben beider Opern durch! Trage die Personen ein und beschrifte die Pfeile (nur mit Bleistift)!

Aufgabe B)

Ordne die folgenden Begriffe den Personen oben und unten zu (mehrfache Zuordnung möglich): gewitzt; geizig; schmachtend; gestresst; giftig; geschäftig; eingebildet; lüstern; schnippisch; scheinheilig; sich verstellend; misstrauisch; genervt; kapriziös.

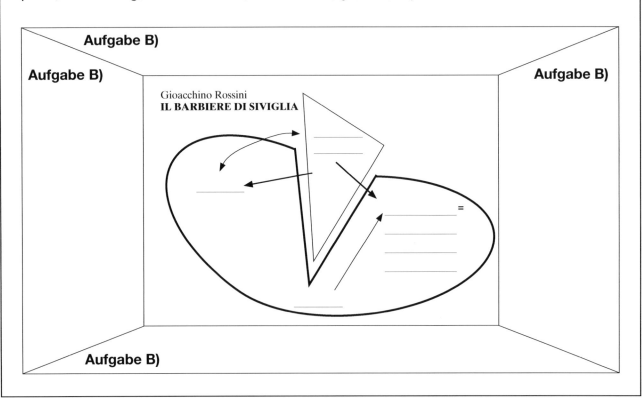

ATTO I
Nr. 1 – Introduzione: Romanza
MALATESTA

Bella siccome un angelo
in terra pellegrino,
fresca siccome il giglio
che s'apre in sul mattino,
occhio che parla e ride,
sguardo che i cor conquide.
Chioma che vince l'ebano
sorriso incantator.

Nr. 1 – Introduzione: Cavatina
DON PASQUALE

Un foco insolito
mi sento addosso,
omai resistere
io più non posso.
Dell'età vecchia
scordo i malanni,
mi sento giovine
come a vent'anni.
Deh! Cara, affrettati,
dolce sposina!
Ecco di bamboli
mezza dozzina
già veggo nascere,
già veggo crescere,
a me d'intorno
veggo scherzar *ecc.*
Un foco insolito *ecc.*

Nr. 3 – Cavatina
NORINA *sola, leggendo un libro*

„Quel guardo il cavaliere
in mezzo al cor trafisse
piegò il ginocchio e disse:
son vostro cavalier!
E tanto era in quel guardo
sapor di paradiso,
che il cavalier Riccardo,
tutto d'amor conquiso,
giurò che ad altra mai
non volgeria il pensier."
Ah, ah! Ah, ah!
So anch'io la virtù magica
d'un guardo a tempo e loco,
so anch'io come si bruciano
i cori a lento fuoco,
d'un breve sorrisetto
conosco anch'io l'effetto,
di menzognera lagrima,
d'un subito languor.
Conosco i mille modi
dell' amorose frodi,
i vezzi, e l'arti facili
per adescare un cor.
D'un breve sorrisetto
conosco anch'io l'effetto,
d'un subito languor,
so anch'io la virtù magica
per inspirare amor,

AKT I
Nr. 1 – Einleitung: Romanze
MALATESTA

Schön wie ein Engel,
der auf der Erde umherschweift,
frisch wie eine Lilie,
die sich am Morgen öffnet.
Augen, die sprechen und lachen,
ein Blick, der die Herzen besiegt,
Haar, das das Ebenholz übertrumpft,
ein bezauberndes Lächeln.

Nr. 1 – Einleitung: Kavatine
PASQUALE

Ein ungewohntes Feuer
Spüre ich in mir,
dem ich jetzt
nicht widerstehen kann.
Die Beschwerden des Alters
vergesse ich,
ich fühle mich jung
wie mit zwanzig Jahren.
Ach! Teure, eile dich.
Komm Bräutchen!
Da, lauter Kinderchen,
ein halbes Dutzend,
sehe ich schon zur Welt kommen,
sehe ich schon aufwachsen,
und um mich her
seh' ich sie spielen *usw.*
Ein ungewohntes Feuer *usw.*

Nr. 3 – Kavatine
NORINA *alleine, ein Buch lesend*

„Jener Blick traf den Kavalier
mitten ins Herz;
er beugte das Knie und sprach:
Euer Kavalier bin ich!
Und so sehr war in jenem Blicke
ein Vorgeschmack des Paradieses,
dass der Kavalier Richard
ganz von Liebe bezwungen,
schwur, er wolle niemals
an eine andere einen Gedanken verlieren."
Ha ha! Ha ha! *Sie legt das Buch weg.*
Auch ich kenne die Zauberkraft
eines Blickes am rechten Zeitpunkt und Ort,
auch ich weiß, wie man die Herzen
in schleichendes Feuer setzt;
eines knappen Lächelns
Wirkung kenne auch ich,
die einer heuchlerischen Träne,
die eines plötzlichen Seufzers.
Ich kenne die tausend Arten
der Liebeslisten,
die Tändeleien und leichten Künste,
ein Herz zu ködern.
Eines knappen Lächelns
Wirkung kenne auch ich,
die eines plötzlichen Seufzers,
auch ich kenne die Zauberkraft,
die Liebe zu entzünden.

Drebinger: Oper auf den Punkt gebracht
© Brigg Pädagogik Verlag GmbH, Augsburg

conosco l' effetto, ah! Sì,	Ich kenne den Effekt, ah, ja,
ah! Sì, per inspirare amor.	ah! Ja, die Liebe zu entzünden.
Ho testa bizzarra,	Ich habe einen eigenwilligen Kopf,
son pronta, vivace …	bin bereitwillig, aufgeweckt,
mi piace scherzar,	mir gefällt es zu glänzen,
mi piace brillar.	zu scherzen gefällt mir.
Se monto in furore	Wenn ich wütend werde,
di rado sto al segno,	kann ich mich selten beherrschen,
ma in riso lo sdegno	doch im Lachen ist der Zorn
fo presto a cambiar.	rasch wieder versöhnt.
Ho la testa bizzarra,	Ich habe einen eigenwilligen Kopf,
ma core eccellente. Ah!	doch ein gutes Herz. Ah!
So anch'io come si bruciano	Auch ich weiß, wie man die Herzen
i cori a lento fuoco: *ecc.*	in schleichendes Feuer setzt: *usw.*

ATTO III
Nr. 9 – Duetto
DON PASQUALE
Signorina, in tanta fretta,
dove va, vorrebbe dirmi?

NORINA
È una cosa presto detta,
vo' a teatro a divertirmi.

DON PASQUALE
Ma il marito, con sua pace,
non voler potria talvolta.

NORINA
Il marito vede e tace:
quando parla non s'ascolta.

DON PASQUALE
Non s'ascolta?

NORINA
Il marito quando parla
Non s'ascolta, non s'a …

DON PASQUALE
A non mettermi al cimento,
signorina, la consiglio.
Vada in camera al momento.
Ella in casa resterà.

NORINA
A star cheto e non far scene
per mia parte la scongiuro.
Vada a letto, dorma bene,
poi doman si parlerà, *ecc.*

DON PASQUALE
Non si sorte.

NORINA
Veramente?

DON PASQUALE
Sono stanco.

NORINA
Sono stufa.

DON PASQUALE
Non si sorte *ecc.*

AKT III
Nr. 9 – Duett
PASQUALE
Signorina, würdet Ihr mir wohl sagen,
wohin Ihr in dieser Eile geht?

NORINA
Das ist schnell gesagt:
ins Theater, mich zu amüsieren.

PASQUALE
Doch der Gatte, in allem Frieden,
könnte es vielleicht nicht wollen.

NORINA
Der Gatte sollte sehen und schweigen,
wenn er spricht, hört niemand zu.

PASQUALE
Man hört ihm nicht zu?

NORINA
Dem Gatten, wenn er spricht,
hört man nicht zu, hört man …

PASQUALE
Ich rate Euch, mein Fräulein,
bringt mich nicht zur Weißglut.
Geht auf der Stelle in Euer Zimmer,
Sie wird heute zu Hause bleiben.

NORINA
Ich meinerseits bitte sehr,
ruhig zu sein und keine Szene zu machen.
Geht zu Bett, schlaft gut,
morgen wird man weitersprechen *usw.*

PASQUALE
Ihr geht nicht!

NORINA
Tatsächlich?

PASQUALE
Ich bin müde.

NORINA
Ich langweile mich auch.

PASQUALE
Ihr geht nicht *usw.*

Drebinger: Oper auf den Punkt gebracht
© Brigg Pädagogik Verlag GmbH, Augsburg

NORINA
Impertinente.

DON PASQUALE
Civettella, civettella!

NORINA *gli dà uno schlaffo*
Prendi … prendi su che ben ti sta!

DON PASQUALE *a parte*
(Ah! É finita, Don Pasquale,
hai bel romperti la testa!
Altro affare non ti resta
che d'andarti ad annegar.)

NORINA *a parte*
(E duretta la lezione,
ma ci vuole a far l'effetto.
Or bisogna del progetto
la riuscita assicurar *ecc.*)
A Don Pasquale, decisa
Parto dunque …

DON PASQUALE
Parta pure.
Ma non faccia più ritorno.

NORINA
Ci vedremo al nuovo giorno.

DON PASQUALE
Porta chiusa troverà *ecc.*

NORINA
Via, caro sposino,
non farmi il tiranno,
sii dolce e bonino,
rifletti all'età.
Va' a letto, bel nonno
sia cheto il tuo sonno.
Per tempo a svegliarti
la sposa verrà *ecc.*

DON PASQUALE
Divorzio! Divorzio!
Che letto, che sposa!
Peggiore consorzio
di questo non v'ha, *ecc.*
Ah! povero sciocco!
Se duri in cervello
con questo martello
miracol sarà, *ecc.*

Nr. 12 – Serenata con Coro
ERNESTO
Com'è gentil
la notte a mezzo april!
È azzurro il ciel,
la luna è senza vel:
tutto è languor,
pace, mistero, amor,
ben mio, perché ancor
non vieni a me?
Formano l'aure
d'amore accenti,
del rio nel murmure
sospiri senti *ecc.*

NORINA
Unverschämter!

DON PASQUALE
Du Kokette, du Kokette!

NORINA *gibt ihm eine Ohrfeige*
Da nimm … nimm, was du verdienst!

PASQUALE *für sich*
(Dies das Ende, Don Pasquale,
du hast dir das Genick gebrochen.
Es bleibt dir nichts mehr übrig,
als hinzugehen und dich zu ertränken.)

NORINA *für sich*
Die Lektion ist hart,
doch wollen wir den Zweck erreichen,
müssen wir nun dafür sorgen,
dass der Plan zum Siege führt *usw.*)
laut
So – ich gehe!

PASQUALE
Geh nur, geh,
und komm nie wieder zurück.

NORINA
Wir sehen uns morgen früh.

PASQUALE
Du wirst die Tür verschlossen finden usw.

NORINA
Komm, liebes Männchen,
spiel mir nicht den Tyrannen,
sei lieb und gut,
denk an dein Alter.
Geh zu Bett, gutes Großväterchen,
schlaf ruhig;
früh genug, um dich zu wecken,
wird deine Frau kommen *usw.*

PASQUALE
Scheidung! Scheidung!
Was Bett, was Gattin!
Eine schlimmere Verbindung
als diese gibt es nicht auf der Welt *usw.*
Oh, armer Dummkopf!
Wenn man bei Verstand bleibt
mit diesem Schicksalsschlag,
so ist es ein Wunder *usw.*

Nr. 12 – Serenade mit Chor
ERNESTO
Wie lieblich
ist die Nacht Mitte April!
Der Himmel ist blau!
Der Mond ist ohne Schleier:
Alles ist Schmachten,
Friede, Geheimnis, Liebe!
Meine Liebste, warum
kommst du noch nicht zu mir?
Es flüstern die Lüfte
Worte der Liebe!
Im Murmeln des Baches
hört man Seufzer *usw.*

Cavatina
CONTE
Ecco, ridente in cielo
spunta la bella aurora,
e tu non sorgi ancora
e puoi dormir così?

Sorgi, mia dolce speme,
vieni, bell'idol mio;
rendi men crudo, oh Dio,
lo stral che mi ferì.

Oh sorte! Già veggo
quel caro sembiante;
quest'anima amante
ottenne pietà.

Oh istante d'amore!
Oh dolce contento!
Felice momento
che eguale non ha!

N. 2 – Cavatina
FIGARO
Largo al factotum della città.
Presto a bottega, ché l'alba è già.
Ah, che bel vivere, che bel piacere,
per un barbiere di qualità!
Ah, bravo Figaro! Bravo, bravissimo;
fortunatissimo per verità!
Pronto a far tutto, la notte e il giorno
sempre d'intorno, in giro sta.
Miglior cuccagna per un barbiere,
vita più nobile, no, non si dà.
Rasori e pettini, lancette e forbici,
al mio comando tutto qui sta.
V'è la risorsa, poi, del mestiere
colla donnetta col cavaliere …
Ah, che bel vivere, che bel piacere
per un barbiere di qualità!
Tutti mi chiedono, tutti mi vogliono,
donne, ragazzi, vecchi, fanciulle:
Qua la parrucca, presto la barba
Qua la sanguigna, presto il biglietto …
Figaro … Figaro
Oimè, che furia! Oimè, che folla!
Una alla volta, … per carità!
Figaro! Son quà, ehi! Figaro! Son quà
Figaro quà, Figaro là, … Figaro su, Figaro giù …

Pronto prontissimo son come il fulmine:
sono il factotum della città.
Ah, bravo Figaro! Bravo, bravissimo;
a te fortuna non mancherà.
Sono il factotum della città!

N. 5 – Cavatina
ROSINA *con una lettera in mano*
Una voce poco fa
qui nel cor mi risuonò;
il mio cor ferito è già,
e Lindor fu che il piagò.
Sì, Lindoro mio sarà;

Kavatine
GRAF
Sieh schon die Morgenröte
der Welt entgegenlachen,
Und du willst nicht erwachen?
Dich umschwebet noch ein Traum?

Stehe nun auf, Geliebte!
Komme, o meine Wonne!
Lass deiner Augen Sonne
mir heilen mein Herz.

Mein wundes Herz!
Ach, heilen mein wundes Herz!
Ha, schweiget!
Schon seh' ich die Holde erscheinen.

Die Seelen vereinen in süßer heißer Lust.
Ach, Stunde der Liebe, o sel'ges Entzücken!
Aus deinen holden Blicken der Himmel mir erstrahlt.

Nr. 2 – Kavatine
FIGARO
Ich bin das Faktotum der schönen Welt, ja ich!
Hab' mir die schönste Bestimmung erwählt, mir erwählt!
Ich bin der Cicero aller Barbiere, aller Barbiere,
Und gratuliere – mir selbst zum Glück, mir selbst zum Glück!
Ha, bravo, Figaro! Bravo, bravissimo, bravo!
Ich bin der Glücklichste durch mein Geschick!
Jedem zu Diensten zu allen Stunden,
Umringt von Kunden bald hier, bald dort.
So wie ich lebe, so wie ich webe,
Gibt es kein schön'res Glück auf der Welt.
Hübsch und gesund macht euch nur der Barbier zugleich,
Köpfe und Bärte sind alle sein!
Und Accidenzen gibt es in Fülle
mit Herrn und Damen ganz in der Stille! …
Ich bin der Cicero aller Barbiere.
Ich gratuliere – mir selbst zum Glück! –
Man ruft, man seufzt nach mir, will mich bald dort, bald hier!
Grafen, Baronen, Mädchen, Matronen!
Bald heißt's rasieren, bald rapportieren!
Bald ein Billettchen dort adressieren! …
Figaro! Figaro! …
Zu viel, weh mir! Man foltert mich! Ich kann nicht mehr, …!
Alles auf einmal, … ich kann nicht mehr!
Figaro! – Bin dort! – Figaro! Bin da!
Figaro dort! Figaro da! Figaro hier! Figaro da!
Figaro oben! Figaro unten! Figaro hüben! Figaro drüben!

Eiligst auf jeden Wink bin wie der Blitz so flink!
Bin das Faktotum der schönen Welt! –
Ha, bravo, Figaro! Bravo, bravissimo!
Ich hab' die schönste Kunst erwählt!
Ich bin das Faktotum uns'rer schönen Welt …!

Nr. 4 – Kavatine
ROSINE *mit einem Brief in der Hand*
Frag' ich mein beklomm'nes Herz,
Wer so süß es hat bewegt,
Dass es in der Liebe Schmerz
Immer sehnender sich regt:
Ja, dann heißt es, in dies Herz

Drebinger: Oper auf den Punkt gebracht
© Brigg Pädagogik Verlag GmbH, Augsburg

Io giurai, la vincerò.
Il tutor ricuserà,
io l'ingegno aguzzerò.
Alla fin s'accheterà
e contenta io resterò.
Sì, Lindoro mio sarà;
Io giurai, la vincerò.

Io sono docile, – son rispettosa,
sono ubbediente, – dolce, amorosa;
mi lascio reggere, – mi fo guidar.
Ma se mi toccano – dov'è il mio debole,
sarò una vipera – e cento trappole
‚prima di cedere – farò giocar.

N. 8 – Aria
BARTOLO
A un dottor della mia sorte
queste scuse, signorina?
Vi consiglio, mia carina,
un po' meglio a impostur.
I confetti alla ragazza?
Il ricamo sul tamburo?
Vi scottaste: eh via!
Ci vuol altro, figlia mia,
per potermi corbellar.
Perché manca là quel foglio?
Vo' saper cotesto imbroglio.
Sono inutili le smorfie;
ferma là, non mi toccate!
Figlia mia, non lo sperate …

Ch'io mi lasci infinocchiar.
A un dottor della mia sorte …
Mia, carina, confessate;
son disposto a perdonar.
Non parlate? Vi ostinate?
So ben io quel che ho da far.
Signorina, un'altra volta
quando Bartolo andrà fuori,
la consegna ai servitori
a suo modo far saprà. …
Eh, non servono le smorfie,
faccia pur la gatta morta.
Cospetton! Per quella porta
nemmen l'aria entrar potrà.
E Rosina innocentina,
sconsolata, disperata,
Eh, non servono le smorfie,
faccia pur la gatta morta.
In sua camera serrata
fin ch'io voglio star dovrà …

Hat Lindoro Brand gelegt! –
Sagt der Vormund grämlich: Nein!
Hat doch meine Liebe Mut;
Mein Lindoro und ich sein,
trotz' ich der Gewalt und Wut.
Mein Lindoro, ewig mein,
er mir alles, Glück und Gut. –

Ich bin gelehrig, weiß zu gehorchen,
bin wohlerzogen, dem Freund gewogen,
ich lasse lenken, ich lasse führen mich.
Doch wenn man mich da anrührt, wo ich verletzlich bin,
so steche ich wie eine Viper! Mit hundert Schelmereien,
listig ausgedacht, bevor ich weiche, wehr' ich mich!

Nr. 7 – Arie
BARTOLO
Einen Doktor meinesgleichen
fängt man nicht durch solche Lügen;
will Rosine mich betrügen,
muss es feiner noch gescheh'n!
Das Konfekt für ihre Muhme –
und die Zeichnung einer Blume –
dieser Vorwand, ei, mein Kind, was soll er frommen?
O da muss ein and'rer kommen,
Mich mit List zu hintergeh'n!
Jenes Blatt, das sie entwendet –
hat der Muhme sie gesendet –
färbt mit Tinte sich die Hand –
weil den Finger sie verbrannt.
Ei, mein Kind, welch eitle Finten!
Mir ein Märchen aufzubinden,
kann mit Vorsicht nur gescheh'n.
Einen Doktor meinesgleichen …
O ich lache ihrer Tücken –
ihrer Schlauheit sprech' ich Hohn!
Nimmer soll sie mich berücken,
was ich tue, weiß ich schon. –
Geh' ich künftig aus dem Hause,
werd' ich es schon klüger machen,
von Spionen und von Wachen
soll sie rings umgeben sein. –
Um die Zeit sich zu vertreiben,
mag sie dann nur Briefe schreiben!
O gewiss durch Schloss und Riegel
dringet selbst kein Lüftchen ein!
Schwimmt Rosine dann in Zähren,
nichts wird sie im Weinen stören.
Um die Zeit sich zu vertreiben,
Mag sie dann nur Briefe schreiben!
Bis ich selber dann erscheine,
bleibt das Täubchen hübsch alleine! –

Drebinger: Oper auf den Punkt gebracht
© Brigg Pädagogik Verlag GmbH, Augsburg

Christoph Willibald Gluck

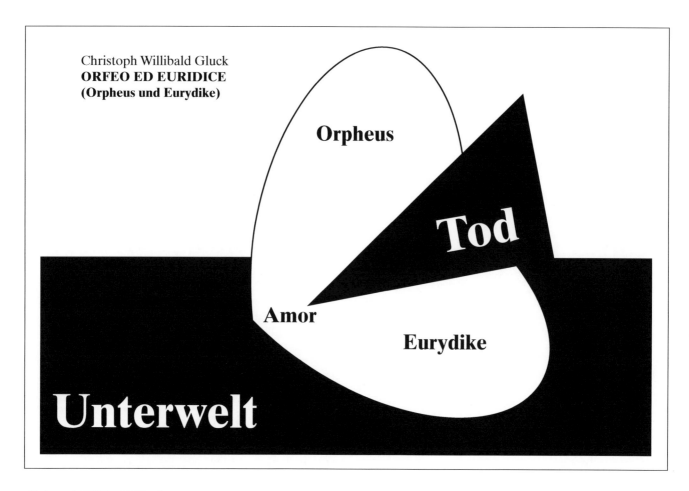

Christoph Willibald Gluck
ORFEO ED EURIDICE
(Orpheus und Eurydike)

Orpheus

Tod

Amor

Eurydike

Unterwelt

Christoph Willibald Gluck
* 2. Juli 1714 in Erasbach (Oberpfalz)
† 15. November 1787 in Wien

ORFEO ED EURIDICE
(dt. Orpheus und Eurydike)
Oper (Azione drammatica) in drei Akten
Text: Ranieri de' Calzabi
Uraufführungen:
(1. Fassung) 05.10.1762 in Wien
(2. Fassung) 02.10.1774 in Paris
Aufführungsdauer:
(1. Fassung) ca. 3 Std.
(2. Fassung) ca. 2,5 Std.

Eurydike ist am Tage ihrer Hochzeit an einem Schlangen-biss gestorben.

1. Akt:
Gemeinsam mit **Hirten** und **Hirtinnen** beweint **Orpheus** am Grab der **Eurydike** ihren Tod. Als er die Götter um Gnade anfleht, erscheint **Amor**, der Liebesgott, und bringt die Nachricht, dass Jupiter dem Sänger den Abstieg zum Hades erlaube. Wenn es ihm dort mit seinem Gesang gelänge, die **Furien** zu rühren, dürfe er **Eurydike** wieder zu den Lebenden zurückführen. Eine Bedingung wird aller-dings gestellt: Auf dem Rückweg darf er sich nicht zu ihr

umsehen. **Orpheus** dankt **Amor**, nimmt seine Leier und macht sich auf den Weg.

2. Akt:
In der Unterwelt weisen die **Furien** und **Höllengeister** **Orpheus** furchterregend zurück. Schließlich gelingt es dem Sänger jedoch durch sein Leierspielen und Singen, sie zu besänftigen – sie lassen ihn ein.

Verwandlung:
Orpheus tritt ein in das Elysium umfangen von der Hei-terkeit der **seligen Geister**. Er jedoch sucht unruhig seine Gattin. Mit den Klängen seiner Leier lockt er sie zu sich. Er nimmt sie an der Hand und führt sie, ohne sich umzusehen, hinaus.

3. Akt:
Sie haben fast das Licht der Welt wieder erblickt, als **Eu-rydike** klagt, dass ihr Mann sie nicht ansehe, sie folglich nicht mehr liebe und sie in die Unterwelt zurückkehren wolle. **Orpheus** ist verzweifelt und dreht sich schließlich um. In diesem Moment sinkt **Eurydike** wieder zu Boden. Von Neuem muss er sein Leid beklagen: Er will nicht länger am Leben bleiben, **Amor** aber entreißt ihm den gezückten Dolch, erweckt Eurydike wieder zum Leben und lässt die Oper glücklich enden.

Drebinger: Oper auf den Punkt gebracht
© Brigg Pädagogik Verlag GmbH, Augsburg

Bildteil 1

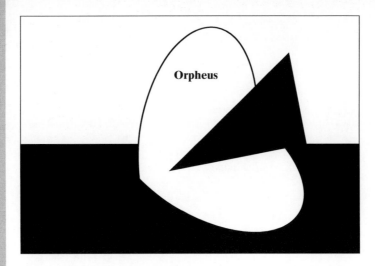

Dramatische Kernaussage

Das Unglück ist bereits geschehen

Impuls zur Bilderstellung
Arbeitsblatt: Aufgabe A)

a) „Interpretiere die vorliegende Grafik. Was weißt du über den Orpheus-Mythos?"
> Inhaltsschilderung (ohne die Inhaltsbeschreibung zu kennen); Lesen der Inhaltbeschreibung; Vergleich mit der Inhaltsbeschreibung.

b) „Forsche nach, woher der Mythos stammt!" > Griechische Mythologie: aus Thrakien stammender Sänger; mit der kitharodischen Kunst die belebte und unbelebte Natur beherrschend; Sohn der Muse Kalliope (Dichtkunst) und des Flussgottes Oiagros (bei Pindar: Apoll). Im Mythos kein Happy End: Er verliert Eurydike, als er sich nach ihr umblickt und wird später von den thrakischen Mänaden zerrissen.

c) „Wann und in welchem Zusammenhang wird der Mythos bearbeitet?" > Antike Bearbeitungen: Aischylos, Vergil, Ovid. Opernstoff: Poliziano „Favola di Orfeo" (1480); Rinuccini (Libretto) „Euridice" von Peri später von Caccini vertont. Striggio „Orfeo" vertont von Monteverdi; Calzabi „Orpheus und Euridice" vertont von Gluck; Parodie des Stoffes in der Operette: Offenbach „Orphée aux enfers" (Orpheus in der Unterwelt); Kino: Marcel Camus (Regie) „Orfeu negro".

Hörbeispiele zur Bilderstellung
Textblatt

Ad a) Hilfestellung zur Bildinterpretation (ggf. vor dem Lesen der Inhaltsbeschreibung): *Nr. 7 – Nr. 11 Arien und Rezitative des Orpheus, „Chiamo il mio ben cosi" („So klag' ich ihren Tod"):* „Was lässt sich aus den Arien und den Rezitativen heraushören?"
> Klagegesang: Portamenti, klagende melismatische Abwärtsbewegungen („antwortet nimmer"); im Rezitativ: Ausrufe, Oboenecho, tonsymbolische Darstellungen (Wind)

Bildteil 2

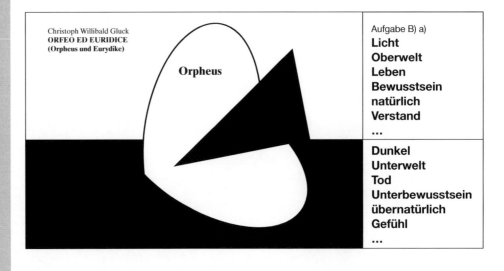

Christoph Willibald Gluck
ORFEO ED EURIDICE
(Orpheus und Eurydike)

Orpheus

Aufgabe B) a)
Licht
Oberwelt
Leben
Bewusstsein
natürlich
Verstand
...

Dunkel
Unterwelt
Tod
Unterbewusstsein
übernatürlich
Gefühl
...

Christoph Willibald Gluck: Orfeo ed Euridice

Dramatische Kernaussage

Menschliche Existenz zwischen Bewusstem und Unbewusstem, Wahrnehmbarem und Nichtwahrnehmbarem

**Impuls zur Bilderstellung
Arbeitsblatt: Aufgabe B)**

„Das Bild ist deutlich in zwei Teile geteilt – ergänze die folgenden Begriffe durch ihre Gegensätze und trage alle Wörter im oberen oder im unteren Abschnitt ein: *Licht; Gefühl; natürlich; Tod; Bewusstsein; Oberwelt!*" > S. o.

„Setze die Begriffe im unteren Abschnitt in Beziehung zueinander! Was haben alle diese Begriffe gemeinsam?" > Alles, was sich unserem Verstand entzieht (Übernatürliches, Tod etc.), also im Dunkeln liegt, macht uns Angst. Es kostet Überwindung, die Grenzen zu überschreiten.

Bildteil 3

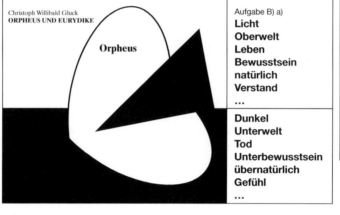

Dramatische Kernaussage

Die Grenzüberschreitung und die Wege der Grenzüberschreitung

**Impuls zur Bilderstellung
Arbeitsblatt: Aufgabe B)**

„Orpheus wird es gestattet, in der Unterwelt nach Eurydike zu suchen – warum wird ihm diese Grenzüberschreitung erlaubt?" > Wegen seiner Liebe (Gott Amor überbringt die Erlaubnis) und weil er die Götter durch seinen Klagegesang rührt.
„Welche Bedingungen stellen die Götter?" > Dass er die Mächte der Unterwelt mit seinem Gesang und Leierspiel besänftigen kann.

**Hörbeispiele zur Bilderstellung
Textblatt**

Nr. 13 Arie des Amor, „Se il dolce suon della tua lira" („Deines Saitenspiels Harmonien") > Amor berichtet Orpheus, dass sein Klagegesang und sein Spiel die Götter bewegt hat und er die Möglichkeit erhält, Eurydike zurückzugewinnen.

Nr. 21 Chor der Geister, „Chi mai dell'Erebo" („Wer ist der Sterbliche?"): „Wie wird die drohende Frage musikalisch dargestellt?" > Orchestertremolo; Unisonoteile im Chor; durchgehend forte; Schlüsse auf verminderten Septakkorden.

Nr. 22 Solo mit Chor, „Deh! Placatevi con me" („Ach erbarmet, erbarmet euch mein!") > Harfenbegleitung (Leierfiguren und Orch. II) des Orpheus; Unisonoablehnung der Furien und Larven (Chor mit Och. I und Posaunen)

Nr. 23 bis Nr. 27 Chöre der Furien, dazwischen Arien des Orpheus: „Wie hört man, dass die Furien dem Drängen des Orpheus nachgeben?" > Chornummern nehmen an Dynamik ab (Nr. 23: *poco f*; Nr. 25: *mf*; Nr. 27: *p*, am Ende *pp* und Auflösung der homophonen Geschlossenheit.

Impuls zur Bilderstellung

„Mit welchen Mitteln versucht der Mensch gestern und heute diese Grenzüberschreitungen?" > s. o.

Drehinger: Oper auf den Punkt gebracht
© Brigg Pädagogik Verlag GmbH, Augsburg

Christoph Willibald Gluck: Orfeo ed Euridice

Bildteil 4

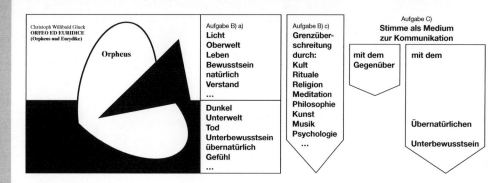

Dramatische Kernaussage

Mit der Stimme das Übernatürliche zu besänftigen heißt das Unterbewusstsein zu beruhigen

Impuls zur Bilderstellung Arbeitsblatt: Aufgabe C)

„Orpheus ist Sänger; suche einen Interpretationsweg, wie gerade mit der Stimme eine Grenzüberschreitung möglich sein kann! Untersuche hierfür die physischen und psychischen Vorgänge beim Singen und berücksichtige, in welchen Zusammenhängen der einzelne Mensch singt, aber auch die Menschheit als Ganzes das Singen pflegte."

Hilfestellungen:
a) „Vergleiche die Entwicklungsgeschichte der Menschheit (Phylogenese) mit der Entwicklung des Individuums (Ontogenese)!" > Sie zeigen Parallelen, da der Mensch in seiner individuellen Entwicklung ähnliche Phasen durchläuft wie seine gesamte Spezies in der Evolution. (Ggf. Referate über die *Biogenetische Grundregel* von Ernst Haeckel und über die *Rekapitulation in der Evolutions- und Entwicklungspsychologie*)

b) „Welche sind lange vor dem Spracherwerb die elementarsten (ersten) Stimmäußerungen, die ein Mensch von sich gibt und wodurch werden sie veranlasst?" > Lachen und Weinen, veranlasst durch elementare Motivatoren Lust und Schmerz.

c) „Warum begleitet ein kleines Kind Spiele immer mit Singen, Summen, Murmeln, Plappern, auch wenn niemand da ist, der zuhört?" > Weil die Selbstwahrnehmung, die Autoresonanz und die physiologischen Vorgänge das Kind in eine angenehme beruhigende Stimmung versetzen. (Versuch: Brummen mit Hand auf der Schädeldecke oder mit Fingerknöcheln auf dem Brustbein)

d) „Warum begleitet der Mensch in seiner Entwicklungsgeschichte bis heute kultische und religiöse Handlungen mit Gesang oder mit sich wiederholenden Wortformeln?" > Um mit dem unfassbaren „Übernatürlichen" zu kommunizieren.

e) „Vergleicht man die Stimmspiele von Kleinkindern und ihre Wirkung mit kultischen Gesängen, was lässt sich dann über Singen als Grenzüberschreitung aussagen?" > Über die physiologischen Vorgänge versetzt Singen den Menschen in einen angenehmen, ruhigen Zustand; Ängste werden „weggesungen"; das Bewusstsein wird erweitert (bei bestimmten Formen des Singens). Die „Kommunikation" mit dem Übernatürlichen bei kultischen oder religiösen Handlungen hat insofern unmittelbaren Erfolg, da sie eine Zustandsveränderung beim Singenden bewirkt.

Drebinger: Oper auf den Punkt gebracht
© Brigg Pädagogik Verlag GmbH, Augsburg

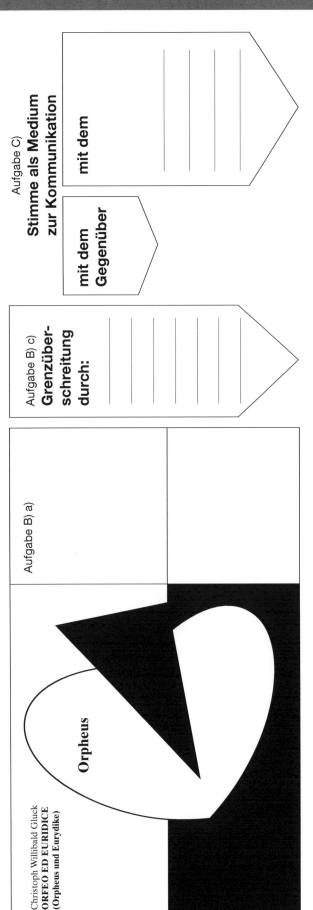

Christoph Willibald Gluck
ORFEO ED EURIDICE
(Orpheus und Eurydike)

Orpheus

Aufgabe B) a)

Aufgabe B) c)
**Grenzüber-
schreitung
durch:**

Aufgabe C)
**Stimme als Medium
zur Kommunikation**

**mit dem
Gegenüber**

mit dem

Aufgabe A)

a) Interpretiere den linken Abschnitt der vorliegenden Grafik. Was weißt du über den Orpheus-Mythos?

b) Forsche nach, woher der Mythos stammt!

c) In welchem Zusammenhang taucht der Mythos immer wieder auf?

Aufgabe B)

a) Das Bild ist deutlich in zwei Teile geteilt – ergänze die folgenden Begriffe durch ihre Gegensätze und trage alle Wörter im oberen oder im unteren Abschnitt ein: Licht; Gefühl; natürlich; Tod; Bewusstsein; Oberwelt!

b) Setze die Begriffe im unteren Abschnitt in Beziehung zueinander! Was haben alle diese Begriffe gemeinsam?

c) Orpheus wird die Grenzüberschreitung in das Totenreich erlaubt. Mit welchen Mitteln versuchen Menschen gestern und heute diese Grenzüberschreitungen?

Aufgabe C)

Orpheus ist Sänger; suche einen Interpretationsweg, wie gerade mit der Stimme eine Grenzüberschreitung möglich sein kann! Untersuche hierfür die physischen und psychischen Vorgänge beim Singen und berücksichtige, in welchen Zusammenhängen der einzelne Mensch singt, aber auch die Menschheit als Ganzes das Singen pflegte.

Drebinger: Oper auf den Punkt gebracht
© Brigg Pädagogik Verlag GmbH, Augsburg

No 7 – Aria
ORFEO
Chiamo il mio ben così
Quando si mostra il dì,
Quando s'asconde.
Ma, oh vano mio dolor!
L'idolo del mio cor
Non mi risponde.

No 8 – Recitativo
Euridice! Euridice!
Ombra cara, ove sei? Sempre affannato
Il tuo sposo fedel invan ti chiama,
Agli Dei ti domanda e sparge ai venti
Con le lagrime sue Invano i suoi lamenti!

No 9 – Aria
Cerco il mio ben così
In queste, ove morì,
Funeste sponde.
Ma sola al mio dolor,
Perché conobbe amor,
L'eco risponde.

No 10 – Recitativo
Euridice! Euridice!
Ah, questo nome
San le spiaggie, e le selve
L'appresero da me! Per ogni valle
Euridice risuona: in ogni tronco
Io quel nome incidea con man tremante!
Euridice moriva! ed io respiro ancor!
Dei! Se non torna in vita, me pur spegnete allor!

No 11 – Aria
Piango il mio ben così,
Se il sole indora il dì,
Se va nell'onde.
Pietoso al pianto mio
Va mormorando il rio
E mi risponde.

No 13 – Aria
AMOR
Se il dolce suon de la tua lira,
Al cielo, Orfeo, saprà salir,
Placata fia dei Numi l'ira
E resa l'ombra cara al primo tuo sospir!

No 21 – Coro
Chi mai dell'Erebo
Fra le caligini,
Sull'orme d'Ercole
E di Piritoo
Conduce il pié?

No 22 – Solo con coro
ORFEO
Deh! placatevi con me.
Furie, Larve, Ombre sdegnose …
CORO
No …

Nr. 7 – Arie
ORPHEUS
So klag' ich ihren Tod
dem frühen Morgenrot,
dem Abendschimmer;
doch sie, des Orkus' Raub,
bei meinem Rufen taub,
antwortet nimmer.

Nr. 8 – Rezitativ
Eurydike, Eurydike!
Teurer Schatten! Ach, wie weit bist du?
Dein Gemahl, tief in Trauer versenkt
und gefoltert vom Schmerz, ruft dich immer,
fordert von den Göttern dich wieder.
Die Winde, ach, entführen seine Klagen.

Nr. 9 – Arie
Wehklagend irr' ich so,
dort, wo sie mir entfloh,
am Ufer nieder;
des süßen Namens Schall
tönt dann der Widerhall
mitleidig wider.

Nr. 10 – Rezitativ
Eurydike, Eurydike!
Dein süßer Name tönt überall.
Der Hain hat ihn oft von mir gehört,
jedes Tal kennet ihn;
in entlaubte Stämme,
in die Rinde junger Eichen grub meine Hand ihn zitternd.
Eurydike ist nicht mehr, ach! Und ich lebe noch!
Götter, gebt Leben ihr wieder oder gebt auch mir den Tod!

Nr. 11 – Arie
Weinend gedenk ich dein,
früh, wenn der Tag erscheint,
spät, wenn er schwindet.
Voll Mitleid mit meiner Qual,
murmelt der Fluss im Tal,
wer nur gibt Antwort mir.

Nr. 13 – Arie
AMOR
Deines Harfenspiels Harmonien
stimme dort an mit milder Glut;
bezähmst du der Tyrannen entsetzliche Wut,
wirst du aus jenem Reich mit ihr in Frieden ziehen.

Nr. 21 – Chor
Wer ist der Sterbliche,
der dieser Finsternis zu nahen sich erkühnt,
der diesem Schreckensort so frevelnd trotzt?
Tödlicher Schrecken, Entsetzen ergreife ihn,
wenn ihm mit schrecklichem Drohen
den Eingang der Zerberus wehrt.

Nr. 22 – Solo mit Chor
ORPHEUS
Ach, erbarmet, erbarmet euch mein Furien, Larven,
furchtbare Schatten!
CHOR
Nein!

Drebinger: Oper auf den Punkt gebracht
© Brigg Pädagogik Verlag GmbH, Augsburg

Wolfgang Amadeus Mozart

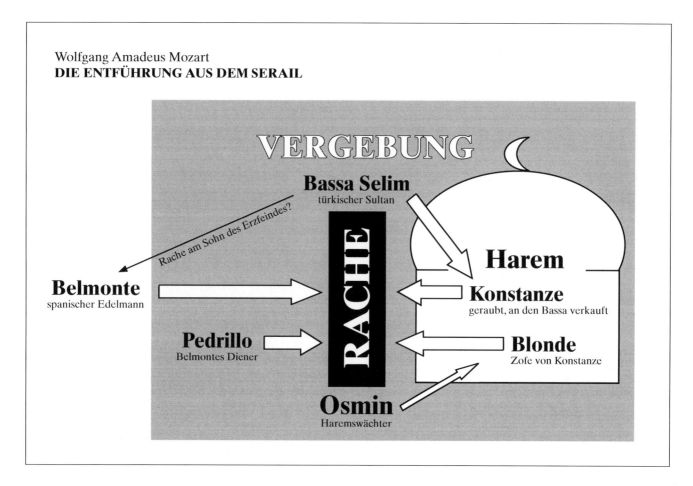

Wolfgang Amadeus Mozart
DIE ENTFÜHRUNG AUS DEM SERAIL

VERGEBUNG

Bassa Selim
türkischer Sultan

Rache am Sohn des Erzfeindes?

RACHE

Harem

Belmonte
spanischer Edelmann

Konstanze
geraubt, an den Bassa verkauft

Pedrillo
Belmontes Diener

Blonde
Zofe von Konstanze

Osmin
Haremswächter

Wolfgang Amadeus Mozart
* 27. Januar 1756 in Salzburg
† 5. Dezember 1791 in Wien

DIE ENTFÜHRUNG AUS DEM SERAIL
Singspiel in drei Akten
Dichtung nach Bretzner,
frei bearbeitet von
Stephanie dem Jüngeren
Uraufführung: Wien 1782
Aufführungsdauer: ca. 2,5 Std.

Landgut in der Türkei, um 1550

1. Akt:
Belmonte, ein junger vornehmer Spanier, kommt an das
Tor des Landhauses von **Bassa Selim**, um seine Braut
Konstanze zu befreien. Sie war zusammen mit ihrer Zofe
Blonde und seinem Diener **Pedrillo** von Piraten geraubt
und an den **Bassa** verkauft worden.

Sein Versuch auf das Grundstück zu kommen scheitert am
Widerstand des muselmanischen Aufsehers Osmin. Pedrillo gelingt es jedoch, seinen Herrn in den Palast zu bringen,
indem er ihn dem Bassa als Baumeister vorstellt.

Bassa Selim bedrängt **Konstanze** seine Geliebte zu
werden. Obwohl er auch droht, bleibt sie standhaft und
Belmonte treu.

2. Akt:
Der Aufseher **Osmin** versucht mit allen Mitteln, das Herz
von **Blondchen** zu erobern; diese setzt sich jedoch erfolg-
reich zur Wehr. **Belmonte** und **Pedrillo** planen die Entführung von **Konstanze** und **Blondchen** aus dem Harem.
Osmin wird von **Pedrillo** mit Wein und einem Schlafmittel
außer Gefecht gesetzt.

3. Akt:
Die Flucht jedoch misslingt; **Osmin** wird schneller als
erwartet wach. Die Vier werden vor den **Bassa** geführt. Als
Belmonte seinen vollen Namen nennt, erkennt der **Bassa**,
dass er, selbst in Spanien geboren, den Sohn seines größten Feindes vor sich hat. Er verzichtet jedoch darauf, Böses
mit Bösem zu vergelten – er lässt beide Paare frei in ihre
Heimat zurückkehren. „Nie werd' ich deine Huld vergessen", rühmen sie des **Bassa** Großmut.

Drebinger: Oper auf den Punkt gebracht
© Brigg Pädagogik Verlag GmbH, Augsburg

Komponist/Titel	**Wolfgang Amadeus Mozart: Die Entführung aus dem Serail**

Bildteil 1

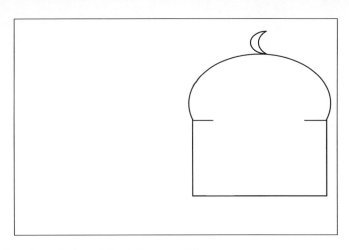

Dramatische Kernaussage

Fernes Land – unbekannt?! – Interessant?!

Impuls zur Bilderstellung

„Zur Zeit Mozarts war türkische Kultur oder das, was man dafür hielt, groß in Mode: Kleidung, Kaffee, Musik etc. Finde die Gründe für diese Mode heraus!" > Acht Österreichische Türkenkriege (Kriege gegen die Ausweitung des Osmanischen Reiches). 1683 Belagerung Wiens (5. Krieg). 1735–1739 7. Krieg in Serbien. Mischung aus Furcht und Faszination.

Hörbeispiele zur Bilderstellung Arbeitsblatt: Aufgabe A)

Ouvertüre; Nr. 5 Chor der Janitscharen; Schlusschor der Janitscharen: „Welche Instrumente des Orchesters ergeben den typischen Janitscharen-Klang? Unterstreiche die Instrumente!" > Piccoloflöte, 2 Flöten, 2 Oboen, 2 Klarinetten/2 Bassetthörner, 2 Fagotte; 2 Hörner, 2 hohe Trompeten; Pauken, deutsche Trommel, Triangel, Becken, große Trommel (zylindrische türkische Trommel), Streicher (Violine I/II, Viola, Violoncello, Kontrabass). „Welche musikalischen Merkmale ergeben den typischen Janitscharen-Klang?" > Schnelles Tempo, Marschrhythmus, schrille Tonlage (Piccoloflöte, auch hohe Klarinette), schnelle 16tel-Bewegungen, einfache Mollharmonik.

Bildteil 2

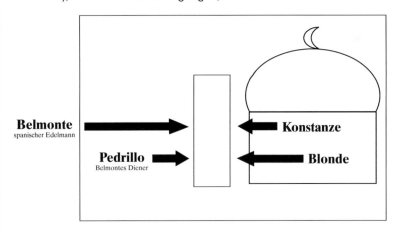

Dramatische Kernaussage

„… sie konnten zusammen nicht kommen …" – ein typisches Dramenmodell

Impuls zur Bilderstellung Arbeitsblatt: Aufgabe B)

„Die tragische Geschichte im Lied von den beiden Königskindern trifft auf viele Dramen zu. Lies die Inhaltsangabe des 1. Aktes und trage die Namen in die Grafik ein!" > S. o.

Hörbeispiele zur Bilderstellung

„Höre, wie Mozart die beiden Paare charakterisiert und ihre Empfindungen darstellt!" *Nr. 4 Arie des Belmonte „Konstanze! Dich wiederzusehen"* > *„Ängstlich"* und *„feurich"*: zögerndes *p* und abwärts bewegtes Melisma auf dem *„wie"* sowie entschlossenes *f* und punktierte Aufwärtsfigur. Herzklopfen: pulsierende Sechzehntelmelismen auf und ab mit worttrennenden Pausen; dann aber vorwärtsdrängende Zweiunddreißigstelkoloratur. *„Schon zitt'r ich"* ähnlich wie bei *„klopft"*; auch im weiteren Wechsel zwischen Zögern *„zag ich"* und Vorwärtsdrängen bei *„es hebt sich die schwellende Brust"* durch *cresc.* und langsames Steigern der Tonhöhe.

Nr. 10 Rezitativ und Arie der Konstanze „Welcher Wechsel herrscht in meiner Seele" >
„Traurigkeit" mit klagendem Quartruf auf- und folgender kleiner Seufzersekunde abwärts. Diese kleine Sekundbewegung erscheint lang gezogen auf dem exponierten Wort *„Schmerz"*. Der klagende Quartausruf beim zweiten gedehnten *„Klagen"*
Nr. 11 Arie der Konstanze „Martern aller Arten" > Nach dem Dialog mit dem Bassa trotzt Konstanze dessen Drohungen. Gegensatz zur leidenden Konstanze der vorangegangenen Arie. Mozart räumt das Zugeständnis ein, das er mit dieser Arie der „geläufigen Gurgel" der Sängerin Cavalieri und dem Virtuosität erwartenden Opernpublikum gemacht hatte. Die Souveränität von Figur wie Sängerin wird durch großen Tonumfang, Spitzentöne (*d2* und über zwei Oktaven angelaufenes *c2*), gesteigertes Tempo, Koloraturen, Intervallsprünge etc. dargestellt.

Nr. 8 Arie der Blonde „Durch Zärtlichkeit und Schmeicheln" > Schlicht wirkende Melodie im refrainartigen A-Teil, mit schmeichelnden Zweitonbindungen, Variationen in den Zwischenteilen über dem Text *„Doch mürrisches Befehlen..."* . Das *„so Lieb' als treu entweicht"* „entweicht" jeweils über einen Zweiunddreißigstellauf. Der letzte A-Teil wird deklamatorisch verzögert eingeführt (Belehrung!).

Nr. 13 Arie des Pedrillo „Frisch zum Kampfe" > Signalhafter Unisonoeinstieg; Marschrhythmen. Wiederholen der *f*-Signale nach den Ausrufen *„Frisch zum Kampfe"* und *„Frisch zum Streite"* in strahlendem D-Dur; *„Nur ein feiger Tropf verzagt"* abgetönt auf zögernden Tonrepetitionen über h-Moll-Akkorden im *Piano*; nach der Frage *„nicht mein Leben mutig wagen?"*, nach zitternden Triolenrepetitionen und einer nachdenklichen, durch Fermate in die Länge gezogenen Pause singt sich Pedrillo mit klaren fanfarenartigen Dreiklangsignalen Mut zu.

Bildteil 3

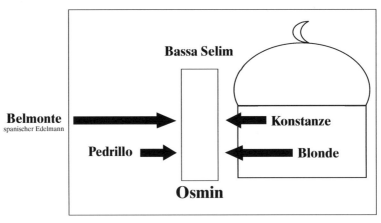

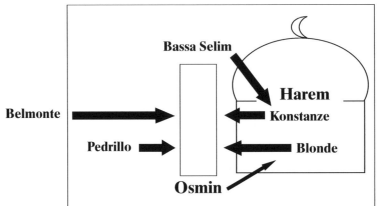

Dramatische Kernaussage

a) Kein Zutritt für Fremde! Aus welchem Grund?
b) Der undurchschaubare Bassa Selim

Impuls zur Bilderstellung
Textblatt

a) „Xenophobie („Fremdenangst"; Fremdenfeindlichkeit) kann unterschiedliche Gründe haben. Versuche Ursachen zu finden!" > Anderes Aussehen; fremde Bräuche; Verlustängste; innere Unzufriedenheit etc. „Welche Gründe nennt Osmin, was sagt er über sich

selbst aus?" > Die *„Eindringlinge"* würden nur *„nach den Weibern gaffen"*; sie wären tückisch. Er fühlt sich intellektuell unterlegen, betont deswegen seinen Verstand, verliert sich aber gleich in aggressiven Tiraden und Gewaltfantasien.
b) „Warum tritt Bassa Selim nur als Sprecher auf? Was erfahren wir über ihn?" > Er gibt im Gegensatz zu den anderen kaum Gefühle preis. Er liebt Konstanze, zwingt sie aber nicht zur Liebe.

Hörbeispiele zur Bilderstellung
Arbeitsblatt: Aufgabe C)

Nr. 3 Arie des Osmin „Solche hergelauf'nen Laffen" (ggf. abschnittweise hören): „Wie stellt sich Osmin mit dieser Auftrittsarie musikalisch vor?" > Drohend, gefährlich (Unisono mit Steigerung über einen Lauf von *p < f*); grantig (*„mag ich für den Teufel nicht"* auf lang gezogene, sich steigernde Sextsprünge mit rhythmischer Verdichtung); misstrauisch (*„Doch mich"*, Pause, *„trägt kein solch Gesicht"*) hinterlistig, schlau (*„Eure Tücken, eure Ränke"* kurz abgesetzt mit eingeschobenen Dreiklangfiguren als „Geistesblitze"); eitel (*„ich hab auch Verstand"* häufige Wiederholung auf sich steigernder Tonlage, dann mehrmals variiert bis zum prahlerisch gedehnten Höhepunkt und der „seriösen" tiefen Feststellung; danach selbstgefällige Pause); sich ereifernd (*„Drum beim Barte des Propheten"* hastige Achtelrepetitionen mit hartnäckigem Abwärtsmotiv); aggressiv, gewalttätig, außer sich (*„Erst geköpft ..."* unüberlegtes Wiederholen gleicher melodischer Phrasen; abgehackt; sich steigernd; bei *„zuletzt geschunden"* rhythmische Verdichtung; kreisende Orchesterwiederholungen am Ende)

Bildteil 4

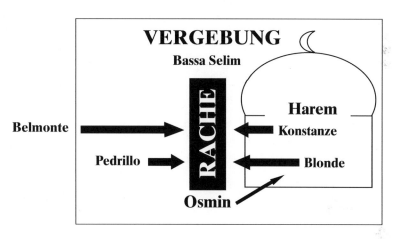

Dramatische Kernaussage

„Es ist ein weit größeres Vergnügen, eine erlittene Ungerechtigkeit mit Wohltaten zu vergelten, als Laster mit Lastern tilgen."
„Nichts ist so hässlich wie die Rache."
„Wen man durch Wohltun nicht für sich gewinnen kann, den muss man sich vom Halse schaffen."

Impuls zur Bilderstellung
Textblatt

„Lies die 7., 9. und 10. Szene. Wie wandelt sich plötzlich die Geschichte?" > Erst spitzt sie sich dramatisch noch weiter zu, als der Bassa in Belmonte den Sohn seines Erzfeindes erkannt hat, dann plötzliche Entspannung beim Gnadenerlass.
„Wie kommt es, dass ein Türke als Erzfeind der Österreicher so positiv dargestellt wird?" > Die Kunst greift auf die Erkenntnisse der Aufklärung zurück, die den freien Willen des Menschen zum Guten oder zum Bösen allen Kulturen zuerkennt (vgl. Lessings „Nathan der Weise" und Schriften über Sultan Saladin und die Kreuzritter).
„Denke über Situationen in deinem Umfeld nach, in denen Rachegedanken aufkamen und Vergebung möglich war. Was meint Bassa Selim mit ,... *sich vom Halse schaffen'*?" > Auf Distanz gehen.

Hörbeispiele zur Bilderstellung

Nr. 21 Vaudeville „Nie werd' ich deine Huld vergessen": „Singe die Wiederholung des Kehrreims jeweils mit!" „Höre, wie Osmin noch einmal die Beherrschung verliert und die anderen ihn kommentieren!" > Rückfall in Schlussteil der Arie Nr. 3; Quartett antwortet mit „Nichts ist so hässlich als die Rache" im schlichten homophonen Satz, um wieder in den Rafrain überzuleiten.
Der Chor steigert mit Janitscharenmusik und Huldigung das Tempo ins *Allegro vivace* und beschließt die Oper.

Wolfgang Amadeus Mozart
DIE ENTFÜHRUNG AUS DEM SERAIL

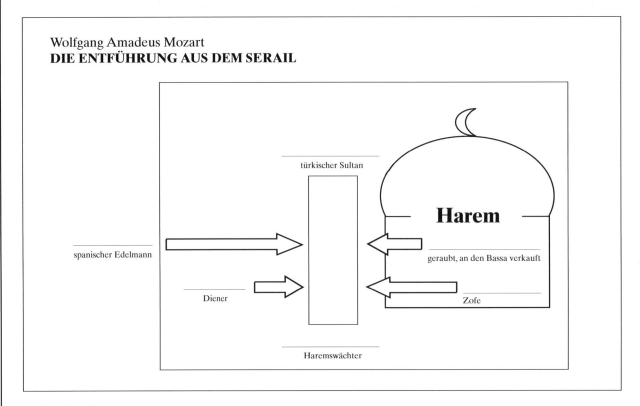

Aufgabe A)

Mozart komponiert die Ouvertüre und zwei Chöre im Stil der Janitscharenmusik. Welche Instrumente des Orchesters ergeben den typischen Janitscharen-Klang? Höre die Beispiele und unterstreiche die typischen Instrumente!

Piccoloflöte, 2 Flöten, 2 Oboen, 2 Klarinetten/2 Bassetthörner, 2 Fagotte

2 Hörner, 2 hohe Trompeten

Pauken, Deutsche Trommel, Triangel, Becken, große zylindrische Trommel

Violine I, Violine II, Viola, Violoncello, Kontrabass

Aufgabe B)

Lies die Inhaltsangabe und trage die Namen der Personen in die Grafik ein!

Aufgabe C)

Höre die Arie des Osmin abschnittsweise und ordne die beschreibenden Adjektive den Abschnitten zu!

a) aggressiv, gewalttätig, außer sich, b) grantig, c) misstrauisch, d) hinterlistig, schlau, e) eitel, f) drohend, gefährlich, g) sich ereifernd

Abschnitt 1	Abschnitt 2	Abschnitt 3	Abschnitt 4	Abschnitt 5	Abschnitt 6	Abschnitt 7

Drebinger: Oper auf den Punkt gebracht
© Brigg Pädagogik Verlag GmbH, Augsburg

AKT I, 4. Szene
Pedrillo, hernach Belmonte.

PEDRILLO *allein*
Geh nur, verwünschter Aufpasser; es ist noch nicht aller Tage Abend. Wer weiß, wer den ander'n überlistet; und dir misstrauischem gehässigem Menschenfeinde eine Grube zu graben, sollte ein wahres Fest für mich sein.

BELMONTE
Pedrillo, guter Pedrillo!

PEDRILLO
Ach, mein bester Herr! Ist's möglich? Sind Sie's wirklich? Bravo, Madam Fortuna, bravo! Das heißt doch Wort gehalten! Schon verzweifelte ich, ob einer meiner Briefe Sie getroffen hätte.

BELMONTE
Sag, guter Pedrillo, lebt meine Konstanze noch?

PEDRILLO
Lebt, und noch hoff' ich für Sie. Seit dem schrecklichen Tage, an welchem das Glück uns einen so hässlichen Streich spielte und unser Schiff von den Seeräubern erobern ließ, haben wir mancherlei Drangsal erfahren. Glücklicherweise traf sich's noch, dass der Bassa Selim uns alle drei kaufte: Ihre Konstanze nämlich, meine Blonde und mich. Er ließ uns sogleich hier auf sein Landhaus bringen. Donna Konstanze ward seine auserwählte Geliebte. –

BELMONTE
Ah! Was sagst du?

PEDRILLO
Nun, nur nicht so hitzig! Sie ist noch nicht in die schlimmsten Hände gefallen. Der Bassa ist ein Renegat und hat noch so viel Delikatesse, keine seiner Weiber zu seiner Liebe zu zwingen; und so viel ich weiß, spielt er noch immer den unerhörten Liebhaber.

BELMONTE
Wär' es möglich? Wär' Konstanze noch treu?

PEDRILLO
Sicher noch, lieber Herr! Aber wie's mit meinem Blondchen steht, weiß der Himmel! Das arme Ding schmachtet bei einem alten hässlichen Kerl, dem sie der Bassa geschenkt hat; und vielleicht – ach, ich darf gar nicht dran denken! –

BELMONTE
Doch nicht der alte Kerl, der soeben ins Haus ging?

PEDRILLO
Eben der.

BELMONTE
Und dies ist der Liebling des Bassa?

PEDRILLO
Liebling, Spion und Ausbund aller Spitzbuben, der mich mit den Augen vergiften möchte, wenn's möglich wäre.

BELMONTE
O guter Pedrillo! Was sagst du?

PEDRILLO
Nur nicht gleich verzagt! Unter uns gesagt: Ich hab' auch einen Stein im Brote beim Bassa. Durch mein bisschen Geschick in der Gärtnerei hab' ich seine Gunst weggekriegt, und dadurch hab' ich so ziemlich Freiheit, die tausend andere nicht haben würden. Da sonst jede Mannsperson sich entfernen muss, wenn eine seiner Weiber in den Garten kommt, kann ich bleiben; sie reden so gar mit mir, und er sagt nichts darüber. Freilich mault der alte Osmin, besonders wenn mein Blondchen ihrer Gebieterin folgen muss.

BELMONTE
Ist's möglich? Du hast sie gesprochen? – O sag, sag! Liebt sie mich noch?

PEDRILLO
Hm! Dass Sie daran zweifeln! Ich dächte, Sie kennten die gute Konstanze mehr als zu gut; hätten Proben genug ihrer Liebe. – Doch damit dürfen wir uns gar nicht aufhalten. Hier ist bloß die Frage, wie's anzufangen ist, hier wegzukommen?

BELMONTE
O da hab' ich für alles gesorgt! Ich hab' hier ein Schiff in einiger Entfernung vom Hafen, das uns auf den ersten Wink einnimmt, und –

PEDRILLO
Ah, sachte, sachte! Erst müssen wir die Mädels haben, ehe wir zu Schiffe gehen; und das geht nicht so husch, husch, wie Sie meinen.

BELMONTE
O lieber, guter Pedrillo, mach nur, dass ich sie sehen, dass ich sie sprechen kann! Das Herz schlägt mir vor Angst und Freude! –

PEDRILLO
Pfiffig müssen wir das Ding anfangen, und rasch müssen wir's ausführen, damit wir den alten Aufpasser übertölpeln. Bleiben Sie hier in der Nähe. Jetzt wird der Bassa bald von einer Lustfahrt auf dem Wasser zurückkommen. Ich will Sie ihm als einen geschickten Baumeister vorstellen: Denn Bauen und Gärtnerei sind seine Steckenpferde. Aber lieber gold'ner Herr, halten Sie sich in Schranken; Konstanze ist bei ihm –

BELMONTE
Konstanze bei ihm? Was sagst du? Ich soll sie sehen?

PEDRILLO
Gemach, gemach, ums Himmels willen, lieber Herr! Sonst stolpern wir. – Ah, ich glaube, dort seh' ich sie schon angefahren kommen. Geh'n Sie nur auf die Seite, wenn er kommt; ich will ihm entgegengehen.
Geht ab

Drebinger: Oper auf den Punkt gebracht
© Brigg Pädagogik Verlag GmbH, Augsburg

AKT III, 6./7. Szene

SELIM *zu einem Offizier*
Geht, unterrichtet euch, was der Lärm im Palast bedeutet; er hat uns im Schlaf aufgeschreckt, und lasst mir Osmin kommen.
Der Offizier will abgehen, indem kommt Osmin zwar hastig, doch noch ein wenig schläfrig.

OSMIN
Herr! – Verzeih, dass ich es so früh wage, deine Ruhe zu stören.

SELIM
Was gibt's, Osmin, was gibt's? Was bedeutet der Aufruhr?

OSMIN
Herr, es ist die schändlichste Verräterei in deinem Palast. –

SELIM
Verräterei?

OSMIN
Die niederträchtigen Christensklaven entführen uns die Weiber. Der große Baumeister, den du gestern auf Zureden des Verräters Pedrillo aufnahmst, hat deine schöne Konstanze entführt.

SELIM
Konstanze? Entführt? Ah, setzt ihnen nach!

OSMIN
O 's ist schon dafür gesorgt! Meiner Wachsamkeit hast du es zu danken, dass ich sie wieder beim Schopfe gekriegt habe. Auch mir selbst hatte der spitzbübische Pedrillo eine gleiche Ehre zugedacht, und er hatte mein Blondchen schon beim Kopfe, um mit ihr in alle Welt zu reisen. – Aber Gift und Dolch! Er soll mir's entgelten! – Sieh, da bringen sie sie!

Belmonte und Konstanze werden von der Wache hereingeführt.

SELIM
Ah, Verräter! Ist's möglich? – Ha, du heuchlerische Sirene! War das der Aufschub, den du begehrtest? Missbrauchtest du so die Nachsicht, die ich dir gab, um mich zu hintergehen?

KONSTANZE
Ich bin strafbar in deinen Augen, Herr, es ist wahr: Aber es ist mein Geliebter, mein einziger Geliebter, dem lang schon dieses Herz gehört. O nur für ihn, nur um seinetwillen fleh' ich Aufschub. – O lass mich sterben! Gern, gern will ich den Tod erdulden: Aber schone nur sein Leben. –

SELIM
Und du wagst's Unverschämte, für ihn zu bitten?

KONSTANZE
Noch mehr: für ihn zu sterben!

BELMONTE
Ha, Bassa! Noch nie erniedrigte ich mich zu bitten, noch nie hat dieses Knie sich vor einem Menschen gebeugt: aber sieh, hier lieg' ich zu deinen Füßen; und flehe dein Mitleid an. Ich bin von einer großen spanischen Familie, man wird alles für mich zahlen. Lasse dich bewegen, bestimme ein Lösegeld für mich und Konstanze so hoch du willst. Mein Name ist Lostados.

SELIM *staunend*
Was hör' ich! Der Kommandant von Oran, ist dir der bekannt?

BELMONTE
Das ist mein Vater.

SELIM
Dein Vater? Welcher glückliche Tag! Den Sohn meines ärgsten Feindes in meiner Macht zu haben! Kann was Angenehmeres sein! Wisse, Elender! Dein Vater, dieser Barbar, ist Schuld, dass ich mein Vaterland verlassen musste. Sein unbiegsamer Geiz entriss mir eine Geliebte, die ich höher als mein Leben schätzte. Er brachte mich um Ehrenstellen, Vermögen, um alles. Kurz, er zernichtete mein ganzes Glück. Und dieses Mannes einzigen Sohn habe ich nun in meiner Gewalt! Sage er an meiner Stelle, was würde er tun?

BELMONTE *ganz niedergedrückt*
Mein Schicksal würde zu beklagen sein.

SELIM
Das soll es auch sein. Wie er mit mir verfahren ist, will ich mit dir verfahren. Folge mir, Osmin, ich will dir Befehle zu ihren Martern geben.
Zu der Wache:
Bewacht sie hier.

Letzte Szene

Die Vorigen, Bassa Selim, Osmin voll Freuden und Gefolge.

SELIM
Nun Sklave! Elender Sklave! Zitterst du? Erwartest du dein Urteil?

BELMONTE
Ja, Bassa, mit so vieler Kaltblütigkeit, als Hitze du es aussprechen kannst. Kühle deine Rache an mir, tilge das Unrecht, so mein Vater dir angetan; – ich erwarte alles, und tadle dich nicht.

SELIM
Es muss also wohl deinem Geschlechte ganz eigen sein, Ungerechtigkeiten zu begehen, weil du das für so ausgemacht annimmst? Du betrügst dich. Ich habe deinen Vater viel zu sehr verabscheut, als dass ich je in seine Fußtapfen treten könnte. Nimm deine Freiheit, nimm Konstanzen, segle in dein Vaterland, sage deinem Vater, dass du in meiner Gewalt warst, dass ich dich freigelassen, um ihm sagen zu können, es wäre ein weit größer Vergnügen eine erlittene Ungerechtigkeit durch Wohltaten zu vergelten, als Laster mit Lastern tilgen.

BELMONTE
Herr! … Du setzest mich in Erstaunen …

Drebinger: Oper auf den Punkt gebracht
© Brigg Pädagogik Verlag GmbH, Augsburg

SELIM *ihn verächtlich ansehend*
Das glaub ich. Zieh damit hin und werde du wenigstens menschlicher als dein Vater, so ist meine Handlung belohnt.

KONSTANZE
Herr! Vergib! Ich schätzte bisher deine edle Seele, aber nun bewund're ich …

SELIM
Still! Ich wünsche für die Falschheit, so Sie an mir begangen, dass Sie es nie bereuen möchten, mein Herz ausgeschlagen zu haben.
Im Begriff abzugehen

PEDRILLO *tritt ihm in den Weg und fällt ihm zu Füßen.*
Herr! Dürfen wir beide Unglückliche es auch wagen, um Gnade zu flehen? Ich war von Jugend auf ein treuer Diener meines Herrn …

OSMIN
Herr! Beim Allah! Lass dich ja nicht von dem verwünschten Schmarotzer hintergeh'n! Keine Gnade! Er

hat schon hundertmal den Tod verdient.

SELIM
Er mag ihn also in seinem Vaterlande suchen.
Zur Wache:
Man begleite alle Viere an das Schiff.
Gibt Belmonte ein Papier.
Hier ist euer Passport.

OSMIN
Wie! Meine Blonde soll er auch mitnehmen?

SELIM *scherzhaft*
Alter! Sind dir deine Augen nicht lieb? – Ich sorge besser für dich, als du denkst.

OSMIN
Gift und Dolch! Ich möchte bersten!

SELIM
Beruhige dich. Wen man durch Wohltun nicht für sich gewinnen kann, den muss man sich vom Halse schaffen.

Drebinger: Oper auf den Punkt gebracht
© Brigg Pädagogik Verlag GmbH, Augsburg

Wolfgang Amadeus Mozart

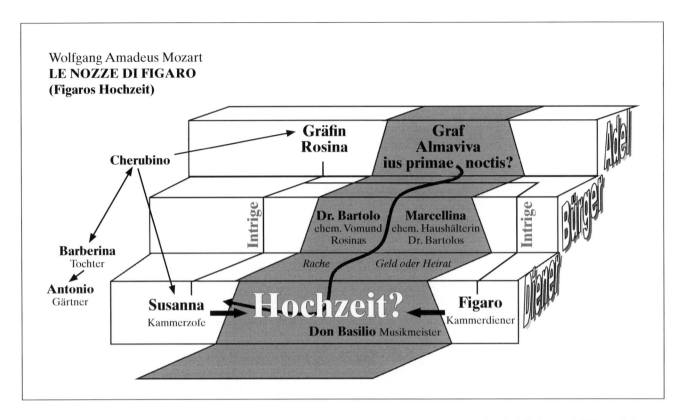

Wolfgang Amadeus Mozart
LE NOZZE DI FIGARO
(Figaros Hochzeit)

Wolfgang Amadeus Mozart
* 27. Januar 1756 in Salzburg
† 5. Dezember 1791 in Wien

LE NOZZE DI FIGARO
(Figaros Hochzeit)
„Commedia per musica" in vier Akten
Text: Lorenzo da Ponte
nach: La Folle journée ou Le Marriage de Figaro von Pierre
Augustin Caron de Beaumarchais
Uraufführung: Wien 1786
Aufführungsdauer: ca. 3 Std.

1. Akt:
Figaro und **Susanna**, die Kammerzofe der **Gräfin**, wollen
heiraten. Der **Graf Almaviva** hat ihnen ein schönes Zimmer
im Schloss zugedacht. Als **Figaro** gerade das Zimmer aus-
misst, klärt ihn **Susanna** darüber auf, dass der **Graf** zwar
das „ius primae noctis" aufgehoben hat, ihr jedoch heimlich
nachstellt.
Als beide gegangen sind, suchen **Dr. Bartolo** und **Marcellina** nach **Figaro**, der angeblich für ein Eheversprechen von
Marcellina Geld bekommen hat. **Marcellina** will **Figaro**
verklagen. Der Arzt hilft ihr dabei, da er sich an **Figaro**
wegen der Entführung seines Mündels **Rosina**, der jetzigen
Gräfin, rächen möchte.
Neben dem **Grafen** gibt es noch einen weiteren „Frauenhelden" im Schloss, seinen Pagen **Cherubino**, Der Jüngling, der für alle Frauen schwärmt, ist verzweifelt, denn
er ist mit **Barbarina** erwischt worden und soll entlassen
werden. Als er den **Grafen** kommen hört, versteckt er sich
hinter einem hohen Lehnstuhl. Der **Graf** macht **Susanna**
den Hof und muss sich seinerseits verstecken, als **Basilio**
naht. **Basilio** warnt **Susanna** vor **Cherubino** und erzählt,

dass dieser sogar hinter der **Gräfin** her sei. Eifersüchtig
kommt der **Graf** aus seinem Versteck und entdeckt den
unter einem Kleid versteckten Pagen. Bevor Schlimmes
passiert, treten **Figaro**, **Bauern** und **Bäuerinnen** ein,
um dem **Grafen** für die Aufhebung des Herrenrechtes zu
danken. Zynisch befördert der **Graf Cherubino** zum Offizier
und schickt ihn ins Feld. **Figaros** Hochzeit verschiebt er
und hofft auf den Heiratsvertrag mit **Marcellina**.

2. Akt:
Die **Gräfin** klagt über die verlorene Liebe ihres Gatten.
Figaro und **Susanna** schlagen ihr einen Plan vor: **Susanna**
soll dem **Grafen** ein Stelldichein gewähren, aber **Cherubino** in Mädchenkleidern an ihrer Stelle schicken. Die Ver-
kleidung des Pagen wird gleich ausprobiert. Plötzlich klopft
es: Es ist der **Graf**. **Cherubino** schließt sich im Zimmer
der **Gräfin** ein. Rasend vor Eifersucht vermutet der **Graf** in
dem verschlossenen Zimmer einen Liebhaber. Er geht, um
Werkzeuge zum Aufbrechen der Tür zu holen. Inzwischen
lässt **Susanna Cherubino** heraus und geht selbst in das
Zimmer. **Cherubino** entwischt. Der **Graf** bricht die Türe
auf und findet **Susanna**. Der **Graf** bittet um Vergebung,
wird aber wieder misstrauisch, weil der Gärtner **Antonio**
berichtet, dass jemand aus dem Fenster gesprungen ist.
Figaro behauptet, er sei dies gewesen. **Antonio** zeigt das
Patent, das der Flüchtling verloren hat. **Figaro** gibt an,
das Papier an sich genommen zu haben, weil der Stempel
gefehlt habe. In diesem Moment treten **Marcellina**, **Bartolo**
und **Basilio** ein und fordern, **Figaro** müsse seine Schulden
bezahlen oder **Marcellina** heiraten.

3. Akt:
Der Plan wird geändert: An Stelle von **Susanna** will die
Gräfin in den Kleidern ihrer Zofe zu einem nächtlichen

Drebinger: Oper auf den Punkt gebracht
© Brigg Pädagogik Verlag GmbH, Augsburg

Wolfgang Amadeus Mozart

Stelldichein gehen. Der **Graf** ist sehr erfreut, als ihm **Susanna** ein Treffen vorschlägt, und verspricht ihr, dass er **Figaros** Schulden gegenüber **Marcellina** erlassen würde. Da hört er einen kurzen Wortwechsel zwischen **Susanna** und **Figaro**, in dem sie sich siegessicher fühlen. Wütend beginnt er den Prozess gegen **Figaro**. Unerwartet stellt sich heraus, dass **Figaro Marcellinas** und **Bartolos** unehelicher Sohn ist.

Die **Gräfin** diktiert **Susanna** den Brief, der den **Grafen** zum Treffen mit der vermeintlichen Kammerzofe lockt. Sie schließt das Blatt mit einer Nadel, die der **Graf** zurückschicken soll.

Als einige Mädchen der **Gräfin** huldigen, wird unter ihnen der verkleidete **Cherubino** entdeckt. Der **Graf** ist entsetzt, wird jedoch von **Barberina**, an die er sich auch schon herangemacht hatte, dazu bewogen, ihr **Cherubino** als Bräutigam zu geben. **Susanna** steckt dem **Grafen** das Briefchen zu.

4. Akt:

Figaro hat mitbekommen, wie **Susanna** dem **Grafen** den Brief zugesteckt hat, und glaubt, sie betrüge ihn wirklich. Im Garten will er die beiden stellen. Im Dunkel der Nacht tauchen die **Gräfin** und **Susanna** mit vertauschten Kleidern auf. **Figaro** kocht vor Eifersucht, als der **Graf** mit der vermeintlichen **Susanna** im Pavillon verschwindet. Da trifft er die wirkliche **Susanna**, die er für die **Gräfin** hält. Er bemerkt aber seinen Irrtum und macht nun heuchlerisch seiner Braut als **Gräfin** den Hof. Ob dieser scheinbaren Treulosigkeit gibt **Susanna Figaro** eine Ohrfeige. Der **Graf** sieht den Kammerdiener zu Füßen seiner vermeintlichen Frau und kocht vor Wut. Alle bitten den Grafen, **Figaro** zu vergeben – **Almaviva** weigert sich hartnäckig, bis aus einem anderen Pavillon die als **Susanna** verkleidete **Gräfin** hervortritt. Der **Graf** erkennt, dass er seiner Gemahlin Unrecht getan hat, und bittet um Verzeihung.

Drebinger: Oper auf den Punkt gebracht
© Brigg Pädagogik Verlag GmbH, Augsburg

Bildteil 1

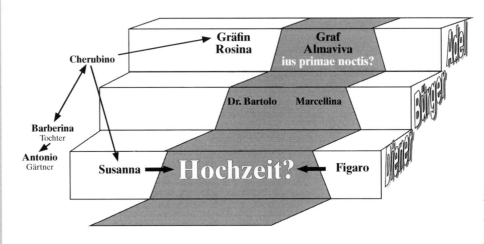

Dramatische Kernaussage

Schein und Sein
Recht, Gerechtigkeit und wie man beides umgeht

Impuls zur Bilderstellung

„Höre die Anfangsszene der Oper und diskutiere die Begriffe ‚Recht' und ‚Gerechtigkeit' an Beispielen aus deinem Erfahrungsbereich. Wie ist das Ansinnen des Grafen zu interpretieren?"

Hörbeispiele zur Bilderstellung Textblatt

Nr. 2 Duettino und Rezitativ Figaro, Susanna: „Se a caso madama la notte ti chiama" *(„Sollt' einstens die Gräfin des Nachts dir schellen")*
„Figaro ist ahnungslos; worüber informiert ihn Susanna?" > Figaro freut sich darüber, dass ihnen der Graf zum Anlass ihrer Hochzeit das „beste Zimmer im Palast" überlässt, ein Zimmer, das zwischen dem der Gräfin und dem des Grafen liegt. Susanna klärt ihn darüber auf, dass der Graf dies nur getan hat, weil er ihr nachstellt und so schneller bei ihr sein kann, wenn Figaro unterwegs ist.
„Wie entwickelt sich der Dialog musikalisch?" > Während Figaro die Vorzüge der Lage in einer tänzerischen Melodie in B-Dur schildert, trübt Susanna seinen Elan mit der nach G-Moll gefärbten Melodie; Figaros Imitieren des Glöckchens (*„Din-din"*) bekommt bei ihr Fragecharakter (Quarte aufwärts; Pause; Quarte aufwärts einen Ton höher; Pause; Antwort (Erklärung); dann spöttisches *„Din-din"* hoch; höhnischen *„Don-don"* tief mit imitierenden Hörnern und Fagott (im Sinne von „kapiert?!").

Bildteil 2

Dramatische Kernaussage

Wer mit wem? Warum?

Impuls zur Bilderstellung
Arbeitsblatt: Aufgabe A) und B)
(s. auch: Rossini, Il Barbiere di Siviglia)

„Lies die Inhaltsangabe des 1. Aktes und trage die fehlenden Namen in die Grafik ein!" > S. o. „Suche Informationen über die Vorgeschichte! Welche Personen kamen als soziale Aufsteiger in die Geschichte und warum?" > a) Die Gräfin war das bürgerliche Mündel von Dr. Bartolo. Der hatte es selbst auf sie abgesehen. Figaro half damals Graf Almaviva Rosina ihrem Oheim durch List wegzunehmen und zu heiraten. b) Marcellina war die Haushälterin von Dr. Bartolo; sie hatte ein Verhältnis mit ihm. Im Laufe der Oper stellt sich heraus, dass beide Figaros Eltern sind.

Bildteil 3

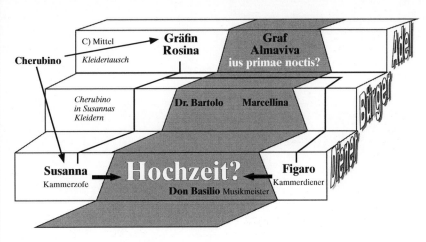

Dramatische Kernaussage

Der Macht muss man mit List begegnen

Impuls zur Bilderstellung
Arbeitsblatt: Aufgabe C)

„Lies den Inhalt des 2. Aktes! Welche List schlagen Susanna und Figaro der Gräfin vor, um dem Grafen eine Lehre zu erteilen und ihn wieder für seine Frau zu interessieren? Trage im Arbeitsblatt Stichpunkte über *Susanna* ein!" > Cherubino soll als Frau verkleidet und dem Grafen als Susanna untergeschoben werden. „Lies den Inhalt des 3. Aktes! Wie ändern die Gräfin und Susanna den ursprünglichen Plan ab? Trage diesen weiteren Schritt auf den Stufen über *Susanna* ein." > Die Gräfin und Susanna wollen untereinander die Kleider tauschen, sodass der Graf beim Stelldichein seine Frau für Susanna hält.

Hörbeispiele zur Bilderstellung
Textblatt

Nr. 3 Kavatine des Figaro „Se vuol ballare, signor contino" („Will der Herr Graf den Tanz mit mir wagen"): „a) Welche Mittel will Figaro gegen den Grafen einsetzen? Trage in Stichworten oben rechts ein!" > Er will ihn nach seiner Pfeife („Gitarre") tanzen lassen. Er will simulieren, als wüsste er von nichts, und den Grafen mit Schmeicheln und Heucheln an der Nase herumführen. „Wie drückt Figaro seinen Plan musikalisch aus?" > Er beginnt tänzerisch im gemäßigten 3/4-Takt mit einem Menuett, braust kurz auf *(f „se vuol venire")*, beherrscht sich aber gleich wieder *(p „nella mia scuola")*. Dann beginnt er sich zu ereifern, indem er das *„Saprò"* mehrmals steigert und in seinen kürzer werdenden Überlegungspausen das Orchester die Emotion durch schnelle Läufe hochfährt. Er nimmt sich wieder zurück *(„ma piano")*, ist aber innerlich völlig erregt (häufige Wiederholung). Die Violinen beginnen nun die Intrige zu spinnen (Wechseltöne a – gis wie in einem Spinnerlied). Als er die Lösung gefunden hat, lässt er „alle Maschinen" seiner Tricks im *Presto* losrattern. Nachdem er das Feuerwerk seiner Tricks hochgehen ließ, wahrt er wieder den äußeren Schein und kehrt zum höfischen Menuett und zum listigen Text zurück *(„Wenn das Gräflein tanzen will, werde ich ihm die Gitarre dazu spielen")*. Bei seinem Abgang kocht allerdings noch einmal die Energie seiner wütenden Einfälle hoch (Orchesterstelle von *„tutte le macchine"* im Nachspiel).

Arbeitsblatt: Aufgabe D)

„Ergänze die folgenden Aussagen!"
a) Das „Recht der ersten Nacht" wurde abgeschafft, weil *feudale Rechte im Vorfeld der französischen Revolution immer mehr eingeschränkt wurden bzw. der Adel aus Vorsicht darauf verzichtete.*
b) Graf Almaviva bedrängt Susanna und manch andere weibliche Wesen trotzdem, weil *er als Graf und als Mann „Platzhirsch" sein will, d. h. sein Machtinstinkt treibt ihn, den Fortbestand seiner Gene in seinem Revier zu sichern.*
c) Dr. Bartolo unterstützt Marcellina, weil *er eine alte Rechnung mit Figaro offen hat: Figaro hatte Graf Almaviva geholfen, ihm sein Mündel und damit auch das Objekt seiner Begierde (Rosina) wegzunehmen.*
d) Der Graf will Cherubino loswerden, weil *er in dem lüsternen Knaben sich selbst und damit einen potenziellen und immer realer werdenden Rivalen sieht.*
e) Die Gräfin lässt sich auf eine Intrige gegen ihren Mann ein, weil *ihr Mann ihrer überdrüssig geworden ist und sie ihn zurückgewinnen will.*

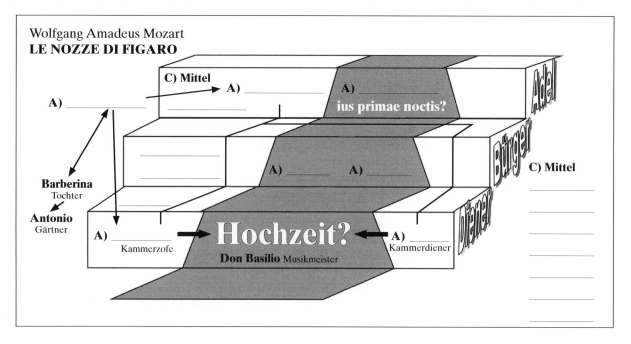

Wolfgang Amadeus Mozart
LE NOZZE DI FIGARO

C) Mittel → A) _____ A) _____

A) _____ ius primae noctis?

A) _____

Barberina Tochter

Antonio Gärtner

A) _____ A) _____

Adel

Bürger

C) Mittel

Diener

A) _____ Kammerzofe **Hochzeit?** A) _____ Kammerdiener

Don Basilio Musikmeister

Aufgabe A)

Lies die Inhaltsangabe des 1. Aktes und trage die fehlenden Namen in die Grafik ein!

Aufgabe B)

Suche Informationen über die Vorgeschichte! Welche Personen kamen als „soziale Aufsteiger" in die Geschichte und warum?

Aufgabe C)

(a) Höre die erste Arie Figaros! Welche Mittel will Figaro gegen den Grafen einsetzen? Trage deine Ergebnisse in der Grafik oben rechts ein! (b) Lies den Inhalt des 2. Aktes! Welche List schlagen Susanna und Figaro der Gräfin vor? (c) Lies den Inhalt des 3. Aktes! Wie ändern die Gräfin und Susanna den ursprünglichen Plan ab? Trage deine Ergebnisse in der Grafik oben links ein!

Aufgabe D)

Ergänze die folgenden Aussagen!

a) Das „Recht der ersten Nacht" wurde abgeschafft, weil _____

_____

b) Graf Almaviva bedrängt Susanna und manch andere weibliche Wesen trotzdem, weil _____

_____

c) Dr. Bartolo unterstützt Marcellina, weil _____

_____

d) Der Graf will Cherubino loswerden, weil _____

_____

e) Die Gräfin lässt sich auf eine Intrige gegen ihren Mann ein, weil _____

_____

Drebinger: Oper auf den Punkt gebracht
© Brigg Pädagogik Verlag GmbH, Augsburg

No. 2 – Duettino	**Nr. 2 – Duett**

No. 2 – Duettino

FIGARO
Se a caso madama la notte ti chiama,
din-din;
in due passi da quella puoi gir.
Vien poi l'occasione che vuolmi il padrone,
don-don;
in tre salti lo vado a servir.

SUSANNA
Così se il mattino il caro Contino,
din-din;
e ti manda tre miglia lontan,
don-don;
a mia porta il diavol lo porta, ed ecco in tre salti …

FIGARO
Susanna, pian, pian …

SUSANNA
Se udir brami il resto,
discaccia i sospetti che torto mi fan.

FIGARO
Udir bramo il resto,
i dubbi, i sospetti gelare mi fan.

Recitativo

SUSANNA
Or bene; ascolta, e taci!

FIGARO
Parla: che c'è di nuovo?

SUSANNA
Il signor Conte, stanco di andar cacciando le straniere bellezze forestiere, vuole ancor nel castello ritentar la sua sorte, né già di sua consorte, bada bene, appetito gli viene …

FIGARO
E di chi dunque?

SUSANNA
Della tua Susanetta.

FIGARO
Di te?

SUSANNA
Di me medesma; ed ha speranza, che al nobil suo progetto utilissima sia tal vicinanza.

FIGARO
Bravo! Tiriamo avanti.

SUSANNA
Queste le grazie son, questa la cura ch'egli prende di te, della tua sposa.

FIGARO
Oh, guarda un po', che carità pelosa!

SUSANNA
Chetati, or viene il meglio: Don Basilio,
mio maestro di canto, e suo mezzano,
nel darmi la lezione mi ripete ogni dì questa canzone.

Nr. 2 – Duett

FIGARO
Sollt' einstens die Gräfin des Nachts dir schellen:
Kling, kling! Kling, kling!
Nur zwei Sprünge und du bist bei ihr.
Und will nun der Graf mir Geschäfte bestellen,
Husch, husch! Husch, husch!
In drei Sprüngen erreich' ich die Tür.

SUSANNA
Und wird eines Tages das Glöckchen ertönen:
Kling, kling! Kling, kling!
Schickt der Graf dich nun meilenweit fort,
Husch, husch! Husch, husch! Husch, husch!
Führt der Teufel ihn eilends zu mir, in drei Sprüngen!

FIGARO
Susanna, gemach! Susanna, gemach! …

SUSANNA
Willst du mehr noch hören?
So lass mich von bösem Verdacht ungeplagt.

FIGARO
Ich muss mehr noch hören?
Mein Herz wird von Sorgen und Zweifeln zernagt.

Rezitativ

SUSANNA
Nun wohl, so höre und schweige.

FIGARO
Rede, was gibt es Neues?

SUSANNA
Der Graf ist es müde, immer nach fremden Schönheiten herumzujagen; er will auch im Schlosse sein Glück versuchen; er hat Lust –

FIGARO
Zu wem denn?

SUSANNA
Zu deiner Susanna.

FIGARO
Zu dir?

SUSANNA
Zu mir selbst, und er hofft, dass diese Nachbarschaft ihm zu seinen Absichten dienlich sein soll.

FIGARO
Bravo! Nur weiter!

SUSANNA
Deswegen erzeigt er dir so viel Gnade, deswegen trägt er so viel Sorge für dich und deine Frau.

FIGARO
Ei sieh doch, welch eigennützige Güte.

SUSANNA
Schweig! Jetzt kommt das Beste! Der saubere Herr Basilio, mein Singmeister, ist sein Unterhändler. Während er mich unterrichtet, wiederholt er alle Tage das alte Lied.

Drebinger: Oper auf den Punkt gebracht
© Brigg Pädagogik Verlag GmbH, Augsburg

FIGARO
Chi? Basilio? Oh birbante!

SUSANNA
E tu credevi che fosse la mia dote
merto del tuo bel muso!

FIGARO
Me n'ero lusingato.

SUSANNA
Ei la destina per ottener da me certe mezz'ore …
che il diritto feudale …

FIGARO
Come? Ne' feudi suoi non l'ha il Conte abolito?

SUSANNA
Ebben; ora è pentito, e par che tenti
Riscattarlo da me.

FIGARO
Bravo! Mi piace: Che caro signor Conte!
Ci vogliam divertir: trovato avete …
Si sente suonare un campanello.
Chi suona? La Contessa.

SUSANNA
Addio, addio, Figaro bello …

FIGARO
Coraggio, mio tesoro.

SUSANNA
E tu, cervello. *Parte*

2. Scena
FIGARO *solo*
Bravo, signor padrone! Ora incomincio
a capir il mistero … e a veder schietto
tutto il vostro progetto: a Londra è vero?
Voi ministro, io corriero, e la Susanna …
secreta ambasciatrice.
Non sarà, non sarà. Figaro il dice.

No. 3 – Cavatina
Se vuol ballare Signor Contino,
il chitarrino le suonerò.
Se vuol venire nella mia scuola
la capriola le insegnerò.
Saprò … ma piano, meglio ogni arcano
dissimulando scoprir potrò!
L'arte schermendo, l'arte adoprando,
di qua pungendo, di là scherzando,
tutte le macchine rovescerò.
Se vuol ballare Signor Contino,
il chitarrino le suonerò.

FIGARO
Wer? Basilio? O der Schurke!

SUSANNA
Und du konntest glauben, dass du meine Aussteuer deinen
Verdiensten zu danken hättest?

FIGARO
Ich hatte mir damit geschmeichelt.

SUSANNA
Er bestimmte sie dazu, von mir ein gewisses Recht zu
erkaufen, welches das alte Herrenrecht –

FIGARO
Wie? Hat der Graf das Herrenrecht nicht aufgehoben?

SUSANNA
Das wohl! Aber es hat ihn gereut, und es scheint, als wenn
er
es von mir wieder einlösen wollte.

FIGARO
Bravo! Das gefällt mir! Welch ein lieber Herr, der Herr Graf!
Aber er soll sich täuschen!
Man hört eine Klingel.
Wer schellt? Die Gräfin.

SUSANNA
Die Gräfin. Adieu, mein schöner Figaro!

FIGARO
Sei tapfer, mein Liebling.

SUSANNA
Und du, gescheit! Sie geht ab.

2. Szene
FIGARO *allein.*
Bravo, gnädiger Herr! Jetzt versteh' ich das Geheimnis, ich
sehe Ihren Plan deutlich ein. Nach London soll die Reise
gehen, nicht wahr? Sie werden Ambassadeur, ich Kurier und
Susanna geheime Ambassadrice. Aber daraus wird nichts.
Wir wollen doch sehen, wer von uns beiden der Schlaueste
ist; der feine Herr Graf oder der lustige Figaro.

Nr. 3 – Kavatine
Will einst das Gräflein ein Tänzchen wagen,
Mag er's nur sagen, ich spiel' ihm auf.
Soll ich im Springen ihm Unterricht geben,
auf Tod und Leben bin ich sein Mann.
Man muss im Stillen, nach seinem Willen
Menschen zu lenken, die Kunst versteh'n.
Mit munter'n Scherzen leit' ich die Herzen,
Schweigen und Plaudern, Handeln und Zaudern,
Alles muss so, wie ich's haben will, geh'n!
Will einst das Gräflein ein Tänzchen wagen,
Mag er's nur sagen, ich spiel' ihm auf!

Drebinger: Oper auf den Punkt gebracht
© Brigg Pädagogik Verlag GmbH, Augsburg

Wolfgang Amadeus Mozart

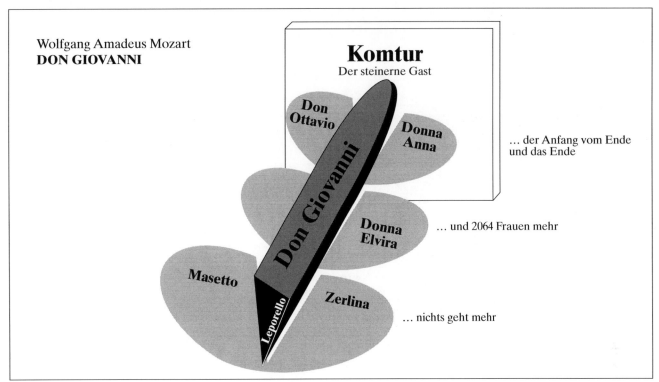

Wolfgang Amadeus Mozart
DON GIOVANNI

Komtur
Der steinerne Gast

Don Ottavio

Donna Anna

Don Giovanni

Donna Elvira

Masetto

Zerlina

Leporello

… der Anfang vom Ende und das Ende

… und 2064 Frauen mehr

… nichts geht mehr

Wolfgang Amadeus Mozart
* 27. Januar 1756 in Salzburg
† 5. Dezember 1791 in Wien

DON GIOVANNI
Oper in zwei Akten
Text: Lorenzo da Ponte
Uraufführung: 29. 10. 1787 in Prag
Aufführungsdauer: ca. 3 Stunden

Sevilla im 17. Jahrhundert

1. Akt:
Don Giovanni hat sich vermummt bei **Donna Anna** eingeschlichen, sein Diener **Leporello** schiebt draußen missgelaunt Wache. Da stürzt **Don Giovanni** aus dem Haus, von **Donna Anna** verfolgt; diese hatte ihn für ihren Verlobten, **Don Ottavio**, gehalten. Der **Komtur** eilt seiner Tochter zu Hilfe und wird im Zweikampf getötet. **Don Giovanni** und Leporello fliehen. **Donna Anna** und **Don Ottavio** finden den toten **Komtur**. Der Mord soll gesühnt werden.
Don Giovanni macht sich an eine verschleierte Dame heran. Als diese sich als **Donna Elvira** zu erkennen gibt, eine seiner alten Amouren, schiebt er **Leporello** vor und flieht. Dieser zählt in der „Registerarie" alle Liebesabenteuer seines Herrn auf. **Don Giovanni** gerät in der Zwischenzeit in die Hochzeitsfeier von **Masetto** und **Zerlina** und versucht sofort, die Braut zu verführen. Doch **Donna Elvira** tritt dazwischen und führt **Zerlina** mit sich fort. **Don Giovanni** begegnet **Donna Anna** und ihrem Verlobten, die ihn um Hilfe bei der Suche nach dem Mörder des **Komturs** bitten. Auch hier funkt **Donna Elvira** dazwischen. **Don Giovanni** stellt diese als irre dar und führt sie weg. **Donna Anna** glaubt nun, in ihm den Mörder ihres Vaters zu erkennen. **Don Giovanni** arrangiert ein Fest, zu dem er die bäuerli-

che Hochzeitsgesellschaft einlädt. **Donna Anna**, **Donna Elvira** und **Don Ottavio** verkleiden sich als Masken, um ebenfalls an dem Fest teilzunehmen und um **Don Giovanni** zu entlarven. Im Festsaal soll **Leporello** Masetto ablenken, damit **Don Giovanni** Zerlina verführen kann. Als aus einem Nebenraum Hilferufe **Zerlinas** schallen, schreiten die Masken zur Tat. **Don Giovanni** versucht, die Schuld auf **Leporello** zu schieben. Niemand glaubt ihm, **Don Giovanni** entkommt jedoch.

2. Akt:
Leporello und **Don Giovanni** wechseln die Kleider: Der Diener soll **Donna Elvira** aus dem Haus locken, während **Don Giovanni** sich an deren Zofe heranmacht. Da taucht **Masetto** auf, der ihn mit einer Schar Bauern verprügeln will. Der verkleidete **Don Giovanni** schickt **Masettos** Begleiter in eine falsche Richtung und schlägt **Masetto** zusammen. **Zerlina** findet ihren lädierten Ehemann und tröstet ihn.
Der als Herr gekleidete **Leporello** wird von **Donna Anna**, **Don Ottavio**, **Zerlina** und **Masetto** gestellt, kann sich aber aus dem Staub machen. **Don Giovanni** und sein Diener treffen sich auf dem Friedhof. Plötzlich mahnt aus dem Hintergrund die Statue des **Komturs** mit Grabesstimme. Überheblich lädt **Don Giovanni** die Statue zum Nachtmahl ein. **Don Giovanni** wartet auf seinen Gast. **Donna Elvira** eilt herbei und versucht, **Don Giovanni** noch einmal auf den Weg der Besserung zu führen – vergebens. Da erscheint der „steinerne Gast" und spricht eine Gegeneinladung aus. **Don Giovanni** stimmt zu. Als er aber der wiederholten Aufforderung zur Reue nicht nachkommt, öffnen sich die Pforten der Hölle und verschlingen den Bösewicht. In der Schlussszene berichtet **Leporello** den übrigen Protagonisten, was passiert ist. Alle finden, dass es sich um eine gerechte Strafe handelt.

Drebinger: Oper auf den Punkt gebracht
© Brigg Pädagogik Verlag GmbH, Augsburg

Wolfgang Amadeus Mozart: Don Giovanni

Bildteil 1

a) b)

Dramatische Kernaussage

a) „Nichts geht mehr!" – der Abstieg eines Wüstlings – der Anfang vom Ende
b) Die entfesselte Natur stößt auf die steinerne oder versteinerte Moral
c) Konsequenz bis in den Untergang

Impuls zur Bilderstellung

Ad a) „Lies den ersten Abschnitt der Inhaltsbeschreibung! Was lief für Don Giovanni alles schief?" > Er kann Donna Anna nicht verführen; sie merkt den Schwindel. Er tötet ihren Vater.

Hörbeispiel zur Bilderstellung

Ad b), c) *Nr. 14 Finale, 15. Szene*: „Höre den Schluss der Oper und verfolge den Inhalt! Wie verhält sich Don Giovanni?" > Konsequent ohne Reue bis in den Tod.
„Wofür könnte der steinerne Gast stehen, warum eine Statue?" > Monumente aus Stein sollen dauerhaft sein, sind wertvoll und würdig, haben gesellschaftliche Bedeutung, repräsentieren Errungenschaften und Institutionen: hier ggf. Moral und Werte. Don Giovanni hat den Komtur getötet, geht aber durch dessen Monument unter.

Letzte Szene: „Die Übrigen sind trotzdem von der unmoralischen Naturgewalt des Don Giovanni noch erschüttert; Triumph über das Böse, aber kein richtiges Happy End – warum?" > Donna Anna will ein Jahr Trauer-(oder Bedenk?)zeit, Donna Elvira geht ins Kloster, Masetto und Zerlina gehen nach Hause in den tristen Alltag.

Bildteil 2

Dramatische Kernaussage

Der unersättliche „Triebtäter" oder „Zurück zur Natur"?

Impuls zur Bilderstellung
Arbeitsblatt: Aufgabe A)

„Welche Herzen bricht Don Giovanni im Verlauf der Oper? Trage die Namen von hinten nach vorne in die Herzen ein! Bei wem ist ihm die Verführung gelungen?" > Er versucht es erfolglos bei Donna Anna und bei Zerlina, bei Donna Elvira hatte er früher Erfolg.

Arbeitsblatt: Aufgabe C)

„Vom Frauenhelden *Don Juan* geht bis heute eine gewisse Faszination aus. Welche ähnlichen Figuren kennst du aus der Literatur, der Oper, dem Kino?" > *Casanova* (Memoiren, Filme), *American Gigolo* (Film mit R. Gere), *Der Mann, der die Frauen liebte* (Film

von F. Truffaut), *James Bond* (Filme), *Don Juan de Marco* (Film mit J. Depp), *J. Iglesias* (Popsänger), *G. Clooney* (Schauspieler) …
– „Was macht die Faszination aus?" > Animalisch? Jagdinstinkt? Stärke? Gefahr? Erotik? Männlichkeit? Erfolg? Machismo?

– „Inwiefern überzeichnet die Figur des Don Giovanni philosophische Strömungen des 18. Jahrhunderts?" > Der Instinktmensch erschüttert die kulturellen und moralischen Grundfesten (Rousseau: „Zurück zur Natur")

– „Inwiefern stoßen in dieser Oper ungezügelte Natur und Kultur aufeinander?" > Don Giovanni frönt in exzessiver Weise dem animalischen Trieb, seine Gene möglichst weit zu verbreiten ohne von natürlichen (Paarungszeit) oder kulturellen (Gesellschaft, Kirche) Kontrollmechanismen reguliert zu werden.

– „In der Psychotherapie ist der Begriff „Don-Juan-Komplex" bekannt – forsche nach, was man darunter versteht!" > Abnorm gesteigerter Sexualtrieb bei Männern als Symptom seelischer Erkrankung oder neurotischer Störung: ständige Suche nach Frauen; Unfähigkeit zur festen Bindung.

Hörbeispiele zur Bilderstellung
Arbeitsblatt: Aufgabe B)
Textblatt

Nr. 4. Arie des Leporello „Madamina, il catalogo è questo" („Schöne Donna! Dies genaue Register")
„Leporello zählt Donna Elvira alle Eroberungen seines Herrn auf – wie viele sind es im jeweiligen Land, wie viele insgesamt? Trage die Einzelergebnisse in das Arbeitsblatt ein!" (Je nach Klassenstufe italienische oder deutschsprachige Version) > Italien: 640; Deutschland: 231 (in der deutschen Übersetzung: 230); Frankreich: 100; Türkei: 91 (in der deutschen Übersetzung: Persien: 90); Spanien: 1003.
„Welche Funktion hat diese Arie?" > Die überzeichnete Charakterisierung des Frauenhelden Don Giovanni (unerschöpflicher Sammlertrieb mit genauer Registrierung der internationalen Errungenschaften).

Nr. 10 a Arie des Don Ottavio „Dalla sua pace la mia dipende" und *Nr. 11 Arie des Don Giovanni „Fin ch'han dal vino calda la testa"*
„Vergleiche die beiden Arien! Wie charakterisiert Mozart beide Personen?" > Don Ottavio: *andante sostenuto*, langer Atem, reflektierend; mitfühlend; Don Giovanni: *presto*, drängend; melodisch und harmonisch vorwärts drängend; ungeduldig Anweisungen gebend; berauscht (zwei Takte Ton *„es"* mit angehängten Verzierungen). Die „Champagnerarie" ist in ihrer Kürze kaum als Arie zu bezeichnen; es fehlt ihr das emotionale oder reflexive Moment der Arie. Don Giovanni wird im Gegensatz zu allen anderen Figuren dieses Innehalten und Reflektieren von Mozart nicht zugestanden.

Bildteil 3
Arbeitsblatt: Aufgabe A)
Fortsetzung

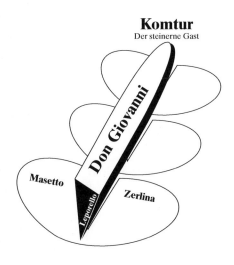

Dramatische Kernaussage

Die Kunst der Verführung

Drebinger: Oper auf den Punkt gebracht
© Brigg Pädagogik Verlag GmbH, Augsburg

| Hörbeispiel zur Bilderstellung Textblatt | *Nr. 7 Duettino Zerlina und Don Giovanni „Là ci darem la mano" („Reich' mir die Hand, mein Leben")*

„Wie entwickelt sich der Dialog im kleinen Duett?" > Don Giovanni beginnt, ganz Kavalier in gemessenem Schritt, Zerlina antwortet mit der fast gleichen Melodie, am Ende jeder Phrase kommen ihr jedoch immer melismatisch ausgeschmückte Zweifel. Don Giovanni drängt mit sich aufschwingender Stimme, Zerlina zögert weiter mit sich wiederholenden kleinen Sechzehntelmelismen. Beim zweiten *„La ci darem la mano"* kommen sich die Partner im zweitaktigen Wechsel näher. Als Zerlina sich wieder (ver)-ziert, fällt ihr Don Giovanni ins Wort: Beide Stimmen überlappen sich, bis Zerlina das zweifache „andiam" übernimmt und sich im schnelleren 6/8-Metrum und in paralleler Stimmführung mit Don Giovanni einig ist – die Verführung ist gelungen – fast! |
| Bildteil 4 | Wer tanzt mit wem welchen Tanz?

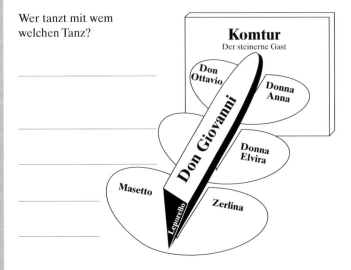 |

Soziale Schichten – kulturelle Errungenschaft oder dekadenter Auswuchs

Dramatische Kernaussage	
Impuls zur Bilderstellung	„Don Giovanni hatte bei adligen Frauen Erfolge, jetzt muss er schon mit einer Bäuerin oder einer Kammerzofe Vorlieb nehmen oder schert ihn das gar nicht?" > Sein Trieb ist von seiner Funktion (Fortpflanzung) so weit losgelöst, dass ihn die Wahl der Partnerin-nen nicht kümmern muss.
Hörbeispiel zur Bilderstellung Arbeitsblatt: Aufgabe D) Textblatt	*Nr. 13, 20. Szene* (nach Verwandlung) „Auf dem Ball in Don Giovannis Schloss spielen drei kleine Orchester drei verschiedene Tänze in drei Ecken der Bühne. Die Orchester setzen der Reihe nach ein (ggf. Hilfestellung Tafelanschrift: *Menuett 3/4-Takt, Kontertanz 2/4-Takt, Deutscher Tanz 3/8-Takt* in anderer Folge). Verfolge beim Hören die Kommuni-kation der Personen und finde anhand des Textblattes heraus, (a) wer mit wem wel-chen Tanz tanzt und (b) wann die Orchester einsetzen (Orch. II und III setzen wie beim Stimmen der Instrumente mit leeren Quinten ein). (c) Recherchiere, welche sozialen Schichten durch die Tänze repräsentiert werden." > *Menuett* (höfischer Tanz > Adel): Don Ottavio mit Donna Anna; *Kontertanz* (bürgerlicher Tanz > Unterschicht und Ober-schicht nähern sich an): Don Giovanni und Zerlina; *Deutscher Tanz* (Volkstanz > niedere Schicht): Leporello und Masetto. „Vergleiche auch die Arien der Personen hinsichtlich ihrer Gesellschaftszugehörigkeit!" > Don Giovanni s. o.; Donna Anna, Don Ottavio, Donna Elvira: lange Arien mit Koloraturen im „alten" Stil; Zerlina und Masetto: einfache liedhafte Melodien.

Drebinger: Oper auf den Punkt gebracht
© Brigg Pädagogik Verlag GmbH, Augsburg

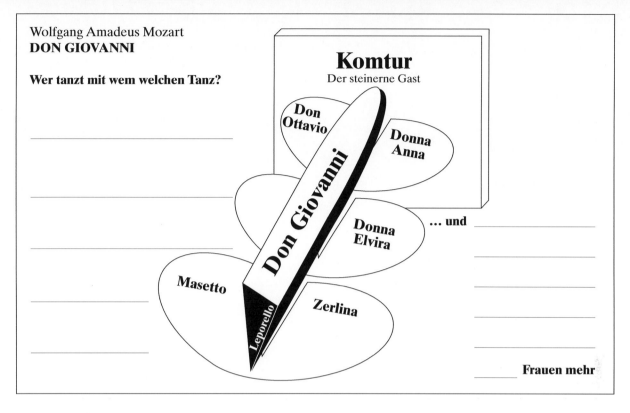

Wolfgang Amadeus Mozart
DON GIOVANNI

Wer tanzt mit wem welchen Tanz?

Aufgabe A)

Welche Herzen bricht Don Giovanni im Verlauf der Oper? Trage die Namen von hinten nach vorne in die Herzen ein! Bei wem ist ihm die Verführung gelungen?

Aufgabe B)

Höre die Registerarie des Dieners Leporello – wie viele Frauen hat Don Giovanni in den verschiedenen Ländern verführt? Trage Länder und Zahlen ein und rechne zusammen!

Aufgabe C)

Welche anderen Frauenhelden kennst du aus Erzählungen, Romanen, Theaterstücken, Opern und Filmen?

Aufgabe D)

Auf Don Giovannis Fest geht es hoch her. Höre aufmerksam die Festszene und lies den italienischen Text und die deutsche Übersetzung mit. (a) Wer tanzt mit wem welchen Tanz? (b) Wann setzen die Orchester ein? (c) Forsche nach, welche Gesellschaftsschichten die jeweiligen Tänze repräsentieren!

Tanz	Tänzer	Gesellschaftsschicht

Drebinger: Oper auf den Punkt gebracht
© Brigg Pädagogik Verlag GmbH, Augsburg

Nr. 4 – Aria
LEPORELLO
Madamina, il catalogo è questo
Delle belle che amò il padron mio;
Un catalogo egli è che ho fatt'io;
Osservate, leggete con me.
In Italia seicento e quaranta;
In Almagna duecento e trentuna;
Cento in Francia, in Turchia novantuna;
Ma in Ispagna son già mille e tre.
V'han fra queste contadine,
Cameriere, cittadine,
V'han contesse, baronesse,
Marchesine, principesse.
E v'han donne d'ogni grado,
D'ogni forma, d'ogni età.
Nella bionda egli ha l'usanza
Di lodar la gentilezza,
Nella bruna la costanza,
Nella bianca la dolcezza.
Vuol d'inverno la grassotta,
Vuol d'estate la magrotta;
È la grande maestosa,
La piccina e ognor vezzosa.

Delle vecchie fa conquista
Pel piacer di porle in lista;
Sua passion predominante
È la giovin principiante.
Non si picca – se sia ricca,
Se sia brutta, se sia bella;
Purché porti la gonnella,
Voi sapete quel che fa.

Nr. 7 – Duettino
DON GIOVANNI
Là ci darem la mano,
Là mi dirai di sì.
Vedi, non è lontano;
Partiam, ben mio, da qui.

ZERLINA
(Vorrei e non vorrei,
Mi trema un poco il cor.
Felice, è ver, sarei,
Ma può burlarmi ancor.)

DON GIOVANNI
Vieni, mio bel diletto!

ZERLINA
(Mi fa pietà Masetto.)

DON GIOVANNI
Io cangierò tua sorte.

ZERLINA
Presto … non son più forte.

Nr. 4 – Arie
LEPORELLO
Schöne Donna! Dies genaue Register,
Es enthält seine Liebesaffären;
Der Verfasser des Werks bin ich selber;
Wenn's gefällig, so geh'n wir es durch.
In Italien sechshundertundvierzig,
Hier in Deutschland zweihundertunddreißig,
Hundert in Frankreich und neunzig in Persien,
Aber in Spanien schon tausendunddrei.
Hier ein schlichtes Bauernmädchen,
Dort die Schönste aus dem Städtchen,
Kammerzofen, Baronessen,
Hochgeborene Prinzessen,
Mädchen sind's von jedem Stande,
Jeder Gattung und Gestalt, schön und hässlich, jung und alt!
Bei Blondinen preist er vor allem
Holde Anmut und sanftes Wesen,
Bei Brünetten feste Treue,
Bei den Blassen süßes Schmachten.
Volle sucht er für den Winter,
Für den Sommer schlanke Kinder.
Große liebt er gravitätisch, ernst und vornehm, majestätisch.
Doch die Kleine, die sei possierlich, die sei manierlich,
sei fein und zierlich.
Dass dies Büchlein Stoff erhalte,
schwärmt er manchmal auch selbst für – Alte.
Doch wofür er immer glühte,
Ist der Jugend erste Blüte.
Da 's ihm gleich ist, ob sie bleich ist,
Ob sie bettelt oder reich ist,
Kirrt er Weiber jeder Sorte.
Nun, Ihr wisst ja, wie's da geht.
Doch wozu auch all' die Worte,
Kennt ja selbst ihn ganz genau.

Nr. 7 – Duettino
DON GIOVANNI
Reich mir die Hand mein Leben,
Komm auf mein Schloss mit mir;
Kannst du noch widerstreben?
Es ist nicht weit von hier.

ZERLINA *für sich*
(Ach soll ich wohl es wagen?
Mein Herz, o sag es mir!
Ich fühle froh dich schlagen,
Und steh' doch zitternd hier.)

DON GIOVANNI
Lass nicht umsonst mich werben!

ZERLINA
(Masetto würde sterben!)

DON GIOVANNI
Glück soll dich stets umgeben!

ZERLINA
Kaum kann ich widerstreben.

Drebinger: Oper auf den Punkt gebracht
© Brigg Pädagogik Verlag GmbH, Augsburg

Drebinger: Oper auf den Punkt gebracht
© Brigg Pädagogik Verlag GmbH, Augsburg

DON GIOVANNI
Andiam!

ZERLINA
Andiam!

A DUE
Andiam, andiam, mio bene.
A ristorar le pene
D'un innocente amor.

Nr. 13 – Finale

…

20. Szena
*Don Giovanni, Leporello, Zerlina, Masetto, Contadini
e Contadine, servitori con rinfreschi; poi Don Ottavio,
Donn'Anna e Donna Elvira in maschera.*
*Don Giovanni fa seder le ragazze e Leporello i ragazzi
che saranno in atto d'aver finito un ballo.*

…

DON GIOVANNI
Ricominciate il suono!
A Leporello
Tu accoppia i ballerini.

Don Ottavio balla il minuetto con …

LEPORELLO
Da bravi, via ballate!

DONNA ELVIRA *a Donn'Anna*
Quella è la contadina.

DONNA ANNA *ad Ottavio*
Io moro!

DON OTTAVIO *a Donn'Anna*
Simulate!

DON GIOVANNI e LEPORELLO
Va bene in verità!

MASETTO *con ironia*
Va bene in verità!

DON GIOVANNI *a Leporello*
A bada tien Masetto.
A Zerlina
Il tuo compagno io sono,
Zerlina vien pur qua …

Si mette a ballare una Controdanza con …

LEPORELLO
Non balli, poveretto!
Vien quà, Masetto caro,
Facciam quel ch'altri fa. *fa ballare a forza …*

MASETTO
No, no, ballar non voglio …

DONNA ANNA *a Ottavio*
Resister non poss'io!

DON GIOVANNI
Komm, o folg' mir! O komm, o komm!

ZERLINA *überwältigt*
Wohlan!

DON GIOVANNI UND ZERLINA
So dein zu sein auf ewig,
Wie glücklich, o wie selig,
Wie selig werd' ich sein!

Nr. 13 – Finale

…

20. Szene
*Don Giovanni, Zerlina, Leporello, Masetto, Bauern,
Bäuerinnen, Diener. Don Ottavio, Donna Anna und
Donna Elvira mit Masken.*
*Don Giovanni lädt die Mädchen, Leporello die Bur-
schen, die soeben einen Tanz beenden, zum Sitzen ein.*

…

DON GIOVANNI *zum Hausmarschall*
Lasst die Musik beginnen!
Zu Leporello
Du ordne neu die Tänze!

LEPORELLO
Nur flink zum muntern Tanze!

DONNA ELVIRA *zu Donna Anna*
Das ist die junge Bäu'rin!

DONNA ANNA
Ich sterbe!

DON OTTAVIO *zu Donna Anna*
Still, nur Fassung!

DON GIOVANNI UND LEPORELLO
Nicht besser könnt' es geh'n!

MASETTO *spöttisch*
Vortrefflich, vortrefflich! Vortrefflich, muss gesteh'n!

DON GIOVANNI *zu Leporello*
Masetto schaff beiseite!
Zu Zerlina
Reich mir die Hand zum Tanze,
Zerlina, komm mit mir!

II. Orchester stimmt auf der Bühne …

LEPORELLO
Willst du nicht auch mit tanzen, armer Junge?
O komm doch, Freund Masetto,
Tanze, so wie's die andern tun.

MASETTO
Nein, nein, ich mag nicht tanzen …

DONNA ANNA
Ich kann mich nicht mehr fassen!

DONNA ELVIRA e DON OTTAVIO *a Donn'Anna*
Fingete per pietà!

DON GIOVANNI
Vieni con me, vita mia!

MASETTO *Entra sciogliendosi da Leporello*
Lasciami! Ah no! Zerlina!

ZERLINA
Oh Numi! Son tradita! …

LEPORELLO
Qui nasce una ruina.

DONNA ANNA, DONNA ELVIRA e DON OTTAVIO
L'iniquo da se stesso
Nel laccio se ne va!

ZERLINA *di dentro*
Gente … aiuto! … aiuto! … gente!

DONNA ELVIRA, DON OTTAVIO
Verstellung gilt es hier.

DON GIOVANNI
Komm nur mit mir, mein Leben, komm, o folge mir!

MASETTO *zu Leporello*
Lass' mich doch hinweg! Zerlina!

ZERLINA
Ich Arme bin verloren! *Wird im Tanz von Don Giovanni weggezogen.*

LEPORELLO
Jetzt wird es Händel setzen!

DONNA ANNA, DONNA ELVIRA, DON OTTAVIO
Im eig'nen Netze fängt nun
Der Schändliche sich hier!

ZERLINA *von draußen*
Ach zu Hilfe, habt Erbarmen!!

Drebinger: Oper auf den Punkt gebracht
© Brigg Pädagogik Verlag GmbH, Augsburg

Wolfgang Amadeus Mozart

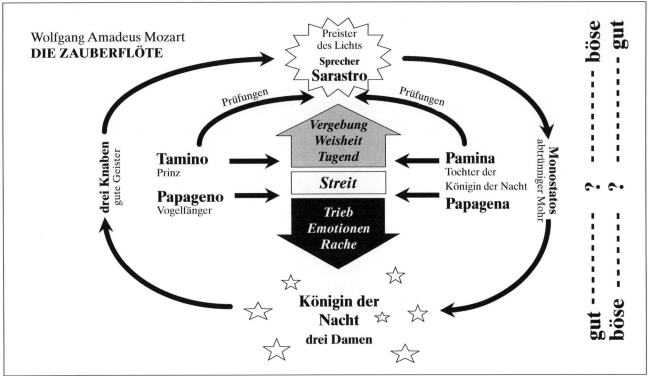

Drebinger: Oper auf den Punkt gebracht
© Brigg Pädagogik Verlag GmbH, Augsburg

Wolfgang Amadeus Mozart
* 27. Januar 1756 in Salzburg
† 5. Dezember 1791 in Wien

DIE ZAUBERFLÖTE
Oper in zwei Akten
Text: Emanuel Schikaneder
Uraufführung: Wien 1791
Aufführungsdauer: ca. 3 Std.

Im Orient, in sagenhafter Zeit

1. Akt:
Prinz **Tamino** wird in einer felsigen Gegend von einer Schlange verfolgt. Er fällt in Ohnmacht, wird aber von den **drei Damen** der Königin der Nacht gerettet. Wieder zu sich gekommen, sieht er vor sich den Vogelfänger Papageno, der damit prahlt, ihn gerettet zu haben. Für diese Lüge bekommt der Vogelfänger von den zurückkehrenden **Damen** ein Schloss vor den Mund gehängt. **Tamino** händigen sie ein Bildnis **Paminas**, der Tochter der **Königin der Nacht** aus. In Liebe entbrannt verspricht er der herannahenden **Königin, Pamina**, die im Tempel des Sarastro gefangen ist, zu retten. **Papageno**, von seinem Schloss wieder befreit, soll ihn begleiten. Zum Schutz geben die **drei Damen** **Tamino** eine Zauberflöte und **Papageno** ein Glockenspiel mit. **Drei weise Knaben** sollen ihnen den Weg zeigen.
Im Reich des **Sarastro** versucht Pamina inzwischen zu fliehen. Dies wird jedoch vom Mohren **Monostatos** vereitelt. Er belästigt sie, nimmt aber Reißaus, als **Papageno** auftaucht. **Tamino** kommt in der Zwischenzeit an die Pforten der Weisheitstempel. Ein **Priester** stellt sich ihm in den Weg und fordert ihn auf, erst genau zu prüfen, bevor er **Sarastro** als Entführer verurteilt. Mit seinem Flötenspiel versucht der Prinz nun **Pamina** herbeizurufen, aber nur Tiere werden angelockt und tanzen zu seiner Musik. Als schließlich **Papageno** mit seiner Vogelpfeife antwortet und

als **Pamina** und **Tamino** das erste Mal zusammentreffen, werden sie von **Monostatos** aufgegriffen und zu **Sarastro** gebracht.

2 Akt:
Sarastro und die anderen **Priester des Lichts** beschließen, **Taminos** und **Papagenos** Tugenden zu prüfen: Beiden wird ein Schweigegebot auferlegt. Als sie von den **drei Damen** zum Plaudern verlockt werden, bleibt **Tamino** standhaft, **Papageno** kann jedoch nicht widerstehen.
Die **Königin der Nacht** erscheint ihrer Tochter und verlangt von ihr, dass sie **Sarastro** töten und den mächtigen Sonnenkreis rauben solle. **Monostatos** belauscht die beiden und versucht, **Pamina** durch Drohungen gefügig zu machen. Doch **Sarastro** tritt dazwischen, verstößt den Mohren und tröstet **Pamina**.
Papageno verspielt in der Zwischenzeit eine Chance, endlich einmal ein „Weibchen" zu bekommen.
Tamino spielt auf der Flöte, **Pamina** erscheint, **Tamino** darf aber nicht mit ihr sprechen.
Papageno schmachtet in einem tiefen Gewölbe, er strebt nicht nach höheren Tugenden, möchte nur ein „Weibchen". Eine Alte bietet sich ihm an, verwandelt sich in die hübsche **Papagena** und verschwindet gleich wieder.
Pamina will sich in ihrer Verzweiflung über **Taminos** Schweigen das Leben nehmen. Die **drei Knaben** verhindern es und bringen sie zu **Tamino**. Beide bestehen die letzte Prüfung, indem sie die Feuer- und Wasserhöhle durchschreiten.
Papageno versucht sich aufzuhängen, da er meint, nie mehr ein „Weibchen" bekommen zu können. Die **drei Knaben** retten auch ihn, indem sie auf die Zauberglöckchen verweisen. Damit lockt er schließlich **Papagena** herbei.
Von **Monostatos** geführt versucht die **Königin der Nacht** in den Tempel einzudringen, wird aber in die Tiefe gestoßen.
Tamino und **Pamina** werden feierlich in den Sonnentempel und damit in den Kreis der Eingeweihten aufgenommen.

Bildteil 1

```
        Sarastro

      Vergebung
      Weisheit
       Tugend

        Streit

        Trieb
      Emotionen
        Rache

      ☆        ☆
    ☆  Königin der  ☆  ☆
         Nacht
        drei Damen
      ☆            ☆
```

Dramatische Kernaussage

Licht und Dunkel – Deutung von Personen und Symbolik
„Die Strahlen der Sonne vertreiben die Nacht"

Impuls zur Bilderstellung
Arbeitsblatt: Aufgabe A), B), C)

A) „Lies die Inhaltsangabe der Oper und trage die entsprechenden Namen in die Sonne und den Sternenkranz ein!"

B) „Die Königin (der Nacht) und Sarastro (der Priester des Lichts) repräsentieren symbolisch verschiedene natürliche, philosophische, psychologische und historische Phänomene. Sammle die Begriffe dafür und trage sie in die Pfeile ein!"
Frage mit Hilfestellung: „Tag und Nacht, Licht und Dunkel stehen symbolisch für verschiedene natürliche, philosophische, psychologische und historische Phänomene. Sammle Begriffe!" > Unterbewusstsein – Bewusstsein; Bauch – Kopf; Trieb – Vernunft; Rache – Vergebung; Mittelalter – Aufklärung etc.
„Wie die Pfeile andeuten stehen die beiden Figuren und die Phänomene in einem „Konflikt" zueinander. Suche Situationen in deinem Leben, in denen du mit diesen Konflikten konfrontiert wurdest!"

C) „Warum ist die Königin der Nacht eine Königin und Sarastro nur ein Priester?" > Die Königin besitzt genau wie unsere Triebe und unser Unterbewusstsein Macht, sie dominiert ihre Untertanen wie Triebe den Menschen; die Vernunft überzeugt mit dem Wort und klaren Argumenten; Sarastro ist nicht absolut, sondern kann in seiner Gemeinschaft abgelöst werden (demokratische Prinzipien?).

Hörbeispiele zur Bilderstellung

Nr. 4 Arie der Königin der Nacht „Oh, zittre nicht, mein lieber Sohn!" und deutlicher Nr. 14 „Der Hölle Rache kocht in meinem Herzen"
> Auch in der ersten Arie bereits schnelle Koloraturen, emotionale Melodiekaskaden bis in die Höhe (Pfeifregister), Aufgeregtheit > in der zweiten Arie dann offensichtlich noch schärfer: Hysterie, Blitze, Pfeile, Rache, dunkle Emotion.

Nr. 10 Arie des Sarastro, „O Isis und Osiris schenket" und deutlicher Nr. 15 „In diesen heil'gen Hallen"
> Ruhige lange Melodielinien, langsames Tempo, dunkle, beruhigende Stimme > Besinnung, Innehalten (gleich einem Gebet); in der zweiten Arie besonders: Vergebung, Hilfe, Mitgefühl.

Bildteil 2

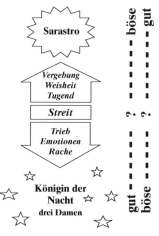

Drebinger: Oper auf den Punkt gebracht
© Brigg Pädagogik Verlag GmbH, Augsburg

Komponist/Titel	**Wolfgang Amadeus Mozart: Die Zauberflöte**

Dramatische Kernaussage

„Ein Weiser prüft …" – Die Forderung nach kritischer Vernunft (Sprecherszene)

Impuls zur Bilderstellung Textblatt

„Lies den Text der Sprecherszene (ggf. mit verteilten Rollen). Inwiefern verändert sich die Einstellung Taminos; welche Aussagen des Sprechers bewirken dies?"
> Tamino möchte Pamina retten, ohne die Hintergründe der Entführung geprüft zu haben. Er tritt dem Sprecher aggressiv entgegen; Aussagen des Sprechers: *Ist das, was du da sagst, bewiesen? Ein Weib tut wenig, plaudert viel; Dich täuschet ein Betrug.*

„Inwiefern ist der Anspruch auf Prüfung verbreiteter Meinungen heute besonders wichtig?" > Meinungsmanipulation durch Massenmedien (Bsp.: Bild-Zeitung: „Bild dir deine Meinung" – Slogan trotz Informationsreduktion oder Filterung durch das Blatt).

Hörbeispiele zur Bilderstellung

Nr. 8 Finale, ab Sprecherszene: „Die Weisheitslehre dieser Knaben"
„Der Sprecher stellt für den Eintritt Taminos eine Forderung – wie lautet diese? Merke dir die Melodie – in welchem Zusammenhang wiederholt sie das Orchester immer wieder?"
> *„Sobald dich führt der Freundschaft Band…"* > Die Melodie zu diesem Text kehrt als rein musikalische Antwort auf die weiteren Frage („… *lebt denn Pamina noch?", „Wann wird das Dunkel endlich schwinden?"*) immer wieder.

Nr. 12 Quintett, Tamino, Papageno und die drei Damen: „Wie? Wie? Wie? Ihr an diesem Schreckensort". „Tamino und Papageno haben eine Schweigeprüfung auferlegt bekommen und werden von den drei Damen zum Plaudern verführt. Höre, wie die beiden reagieren. Wie hat sich Tamino die Weisheitslehre der Knaben und die Belehrung des Sprechers zu Herzen genommen? Welcher Satz macht dies deutlich?"
> Die drei Damen streuen Gerüchte über die Priester aus. Papageno glaubt die Gerüchte und schwätzt drauflos, Tamino will ihn hindern und antwortet: Ein Weiser prüft und achtet nicht, was der gemeine Pöbel spricht.

Bildteil 3

Dramatische Kernaussage

Tier und Mensch – Natur und Kultur – Funktion und Geist: Die Paare Papageno – Papagena und Tamino – Pamina

Impuls zur Bilderstellung Arbeitsblatt: Aufgabe D)

„Trage die beiden Paare in die Grafik ein! Wo müssen die einzelnen Namen stehen?" > Männer und Frauen getrennt; beide Paare wollen zusammenkommen und werden durch die Priester und die Prüfungen zuerst daran gehindert.
„(a) Wie gehen Papageno und Tamino jeweils damit um? (b) Welche Ansprüche an das Leben hat jeder der beiden?"
> (a) Papageno will die Prüfungen nicht ablegen, er ist träge, ängstlich und geschwätzig. Tamino und Pamina stellen sich den Prüfungen … > (b) Papageno strebt nicht nach Weisheit; er ist zufrieden, wenn er seine biologischen Funktionen erfüllt (Essen, Trinken, Weibchen, Nachwuchs). Er und Papagena wirken nicht nur in ihrem Äußeren wie Vögel, sondern haben auch nicht mehr Ansprüche. Deshalb stehen beide weiter entfernt vom Weisheits- und näher am Triebsymbol.

Hörbeispiele zur Bilderstellung

Nr. 3 Arie des Tamino „Dies Bildnis ist bezaubernd schön"

Nr. 17 Arie der Pamina „Ach ich fühl's, es ist entschwunden"
> Beide Arien sind von langen Melodiebögen „beseelt", denn der lange Melodiebogen bedeutet seit den Griechen Atem und Geist.

Nr. 20 Arie des Papageno „Ein Mädchen oder Weibchen"
> Alle Gesangsnummern Papagenos sind liedhaft einfach in Strophenform gestaltet und selbst in der Situation, als er seinem Leben ein Ende setzen will, bleiben seine Melodien kurzphrasig und schlicht.

Nr. 21 Finale, ab Duett Papageno, Papagena „Pa, pa, pa..."
> Das Duett mit dem gackernden *„Pa, pa, pa..."* gleicht fast einem Balzritual. Vorsichtig tasten sich beide vor, bis sie in ein freudiges Schnattern ausbrechen und auch gleich beim Thema der Fortpflanzung sind.

Bildteil 4

Dramatische Kernaussage

Bewegung zum „Licht" – Bewegung zum „Dunkel"

Impuls zur Bilderstellung

„Wann und in welcher Funktion treten die drei Knaben jeweils in Erscheinung?" > Als Wegweiser, als Mahner zur Besonnenheit, als Helfer.

„Könnte es von Bedeutung sein, dass im Gefolge der Königin der Nacht zuerst drei Damen auftreten, als Wegweiser aber Tamino drei Knaben mitgeschickt werden?"
> Die Knaben bilden einen Gegensatz zu den drei Damen: Sie sind wie Engel oder „gute Geister" asexuelle Wesen, auch der Klang der Knabenstimmen galt seit dem Mittelalter als etwas „Reines" („Geisteswesen"); die drei Damen dagegen sind nicht von Begierden und Streitsucht frei.

„Warum muss Monostatos den Tempelbereich Sarastros verlassen?" > Er belästigt Pamina. „Was symbolisiert das Überlaufen Monostatos zur Königin der Nacht?" > Monostatos will sich seinen „niederen" Instinkten (Trieben) hingeben.

Reflexion über das fertige Bild

„Was fällt dir bei der Betrachtung des fertigen Bildes alles auf?" > Die Symmetrie der Figuren: Sarastro – Königin der Nacht; die Paarbildung: Tamino – Pamina; Papageno – Papagena; die „Märchenzahl Drei" bei den im Dunkel bleibenden Damen und den zum Licht führenden Knaben; die Bewegung zum Licht (Knaben; Tamino und Pamina) und die Bewegung zum Dunkel (Monostatos); das Verharren von Papageno und Papagena zwischen Licht und Dunkel (Verzicht auf Erleuchtung).

Drebinger: Oper auf den Punkt gebracht
© Brigg Pädagogik Verlag GmbH, Augsburg

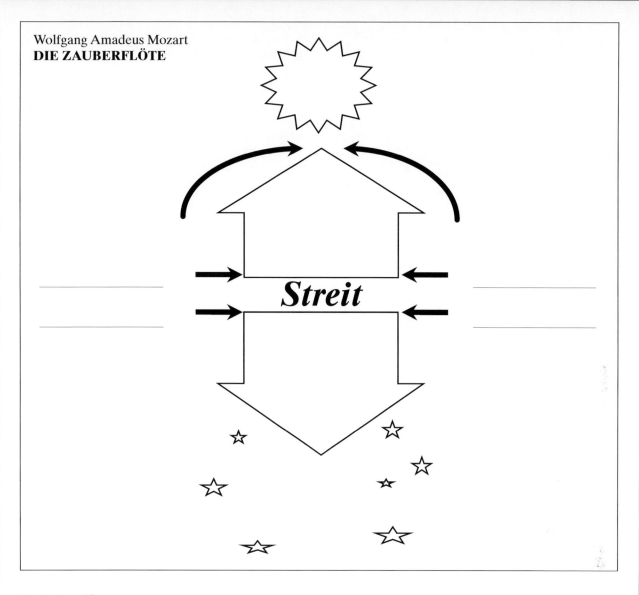

Aufgabe A)

Lies die Inhaltsangabe der Oper und trage zuerst die entsprechenden Namen in die Sonne und den Sternenkranz ein!

Aufgabe B)

Diese beiden eingetragenen Figuren werden durch Beifügungen näher definiert und repräsentieren symbolisch verschiedene natürliche, philosophische, psychologische und historische Phänomene. Sammle die Begriffe dafür und trage sie in die Pfeile ein!

Wie die Pfeile andeuten, stehen die beiden Figuren und die Phänomene in einem „Konflikt" zueinander. Suche Situationen in deinem Leben, in denen du mit diesen Konflikten konfrontiert wurdest!

Aufgabe C)

Warum ist die Königin der Nacht eine Königin und Sarastro „nur" ein Priester des Lichts?

Aufgabe D)

Trage die beiden Paare in die Grafik ein! Wo müssen die einzelnen Namen stehen?

Nr. 8 – Finale

TAMINO
Die Weisheitslehre dieser Knaben
Sei ewig mir ins Herz gegraben.
Wo bin ich nun? – Was wird mit mir?
Ist dies der Sitz der Götter hier?
Es zeigen die Pforten, es zeigen die Säulen,
Dass Klugheit und Arbeit und Künste hier weilen;
Wo Tätigkeit tronet und Müßiggang weicht,
Erhält seine Herrschaft das Laster nicht leicht.
Ich mache mich mutig zur Pforte hinein,
Die Absicht ist edel und lauter und rein.
Erzittre, feiger Bösewicht!
Paminen retten ist mir Pflicht.
*Er geht an die Pforte zur rechten Seite, macht sie auf,
und als er hinein will, hört man von fern eine Stimme.*

STIMME
Zurück!

TAMINO
Zurück? So wag' ich hier mein Glück!
Er geht zur linken Pforte, eine Stimme von innen.

STIMME
Zurück!

TAMINO
Auch hier ruft man zurück? *Sieht sich um.*
Da sehe ich noch eine Tür!
Vielleicht find ich den Eingang hier.
Er klopft, ein alter Priester erscheint.

PRIESTER
Wo willst du, kühner Fremdling, hin?
Was suchst du hier im Heiligtum?

TAMINO
Der Lieb' und Tugend Eigentum.

PRIESTER
Die Worte sind von hohem Sinn!
Allein, wie willst du diese finden?
Dich leitet Lieb und Tugend nicht,
Weil Tod und Rache dich entzünden.

TAMINO
Nur Rache für den Bösewicht.

PRIESTER
Den wirst du wohl bei uns nicht finden.

TAMINO
Sarastro herrscht in diesen Gründen?

PRIESTER
Ja, ja! Sarastro herrschet hier!

TAMINO
Doch in dem Weisheitstempel nicht?

PRIESTER
Er herrscht im Weisheitstempel hier.

TAMINO
So ist denn alles Heuchelei! *Will gehen.*

PRIESTER
Willst du schon wieder geh'n?

TAMINO
Ja, ich will geh'n, froh und frei –
Nie euren Tempel seh'n.

PRIESTER
Erklär dich näher mir, dich täuschet ein Betrug.

TAMINO
Sarastro wohnet hier, das ist mir schon genug.

PRIESTER
Wenn du dein Leben liebst, so rede, bleibe da!
Sarastro hassest du?

TAMINO
Ich hass ihn ewig! Ja. –

PRIESTER
Nun gib mir deine Gründe an.

TAMINO
Er ist ein Unmensch, ein Tyrann!

PRIESTER
Ist das, was du gesagt, erwiesen?

TAMINO
Durch ein unglücklich Weib bewiesen,
Die Gram und Jammer niederdrückt.

PRIESTER
Ein Weib hat also dich berückt?
Ein Weib tut wenig, plaudert viel.
Du, Jüngling, glaubst dem Zungenspiel?
O legte doch Sarastro dir
Die Absicht seiner Handlung für.

TAMINO
Die Absicht ist nur allzu klar;
Riss nicht der Räuber ohn' Erbarmen,
Paminen aus der Mutter Armen?

PRIESTER
Ja, Jüngling! Was du sagst, ist wahr.

TAMINO
Wo ist sie, die er uns geraubt?
Man opferte vielleicht sie schon?

PRIESTER
Dir dies zu sagen, teurer Sohn,
Ist jetzt und mir noch nicht erlaubt.

TAMINO
Erklär dies Rätsel, täusch' mich nicht.

PRIESTER
Die Zunge bindet Eid und Pflicht.

TAMINO
Wann also wird die Decke schwinden?

PRIESTER
Sobald dich führt der Freundschaft Hand
ins Heiligtum zum ew'gen Band. *Geht ab.*

TAMINO *allein*
O ewige Nacht! Wann wirst du schwinden?
Wann wird das Licht mein Auge finden?

EINIGE STIMMEN
Bald, Jüngling, oder nie!

TAMINO
Bald, sagt ihr, oder nie!
Ihr Unsichtbaren, saget mir!
Lebt denn Pamina noch?

DIE STIMMEN
Pamina lebet noch!

TAMINO *freudig*

Sie lebt? ich danke euch dafür ...

Drebinger: Oper auf den Punkt gebracht
© Brigg Pädagogik Verlag GmbH, Augsburg

Jacques Offenbach

Jacques Offenbach
LES CONTES D'HOFFMANN (Hoffmanns Erzählungen)

Luthers Keller

Stella Opernsängerin

= **Olympia** seelenlose Puppe   = **Antonia** sensible Sängerin   = **Giulietta** berechnende Kurtisane

Spalanzani Erfinder   **Crespel** Rat   **Schlemihl** Geliebter

Lindorf Stadtrat   **Coppelius**   **Dr. Mirakel**   **Dapertutto**

DAS BÖSE

Vorspiel   1. Erzählung   2. Erzählung   3. Erzählung   Nachspiel

Hoffmann Dichter ◄——— **Niklaus** Freund, Muse

Drebinger: Oper auf den Punkt gebracht
© Brigg Pädagogik Verlag GmbH, Augsburg

Jacques Offenbach
* 20. Juni 1819 in Köln
† 5. Oktober 1880 in Paris

LES CONTES D'HOFFMANN
(Hoffmanns Erzählungen)
Opéra-fantastique en cinque acts
(5 Akte, 7 Bilder)
Text: Jules Barbier
(nach dem Drama von J. Barbier und Michel Carré)
Uraufführung: Paris 1881
Aufführungsdauer: ca. 2 Std. 45 Min.

In Deutschland und Italien um 1800.
Vorgeschichte: **Hoffmann**, ein junger Dichter, ist von seiner Geliebten **Stella** verlassen worden. **Stella** ist inzwischen eine berühmte Sängerin, **Hoffmann** dagegen blieb erfolglos. Jahre später tritt sie als Donna Anna in Mozarts Don Giovanni auf. **Hoffmann** wohnt dieser Aufführung bei.

1. Akt (Prolog):
In Luthers Weinkeller soll **Hoffmann** einen Brief von **Stella** mit dem Schlüssel zu ihrem Zimmer erhalten. Doch der Stadtrat **Lindorf** fängt ihn ab. Als **Hoffmann** nach dem ersten Akt mit seinem Freund **Niklaus** aus dem Theater kommt, wird er von den Studenten aufgefordert, seine Legende vom Kleinzack vorzutragen, wobei er in die Beschreibung seiner Geliebten abschweift. Während der zweite Akt im Theater beginnt, erzählt **Hoffmann** die Geschichten von drei Liebschaften: mit einer „leblosen Puppe", mit einer „Virtuosin" und mit einer „Kurtisane".

2. Akt:
Die erste Liebschaft ist die mit der von dem Physiker **Spalanzani** erfundenen automatischen Puppe **Olympia**. **Olympias** Augen wurden vom Optiker **Coppélius** geschaffen. Er verkauft **Hoffmann** eine Brille. Blickt er hindurch, sieht er, was er sehen will: dass **Olympia** lebt. Auf einem Fest stellt **Spalanzani** seine Erfindung vor. **Hoffmann** betrachtet sie schwärmend durch die Brille. Als sie alleine sind, gesteht er der Puppe seine Liebe. **Hoffmann** und **Olympia**

eröffnen den Tanz. Die Puppe dreht sich immer schneller, **Hoffmann** stürzt, die Brille zerbricht. **Coppélius**, der von **Spalanzani** betrogen worden war, zerstört **Olympia**. Unter dem Spott der Gäste erkennt **Hoffmann**, dass er einen Automaten geliebt hat.

3. Akt:
Die zweite Geschichte: **Hoffmann** hat sich mit **Antonia** verlobt, der Tochter einer berühmten Sängerin und des Geigenbauers **Crespel**. Sie hat eine wundervolle Stimme, leidet aber an Schwindsucht. Deshalb versagt ihr der Vater das Singen und weist den Diener **Frantz** an, niemand ins Haus zu lassen. **Hoffmann** gelingt es doch, **Antonia** zu sehen. Er erfährt von ihrer tödlichen Krankheit, als er ein Gespräch **Crespels** mit dem unheimlichen **Dr. Mirakel** belauscht. **Hoffmann** bittet **Antonia**, nie mehr zu singen. Nachdem er gegangen ist, erscheint **Dr. Mirakel**. Indem er durch Magie die Stimme ihrer Mutter erklingen lässt, bringt er **Antonia** dazu zu singen. **Antonia** stirbt und **Hoffmann** wird von **Crespel** ihres Todes beschuldigt.

4. Akt: Venedig.
Die Kurtisane **Giulietta** gibt ein Fest. Unter den Geladenen sind **Hoffmann**, sein Freund **Niklaus** und der missgestaltete **Pitichinaccio**. **Giulietta** steht unter dem teuflischen Einfluss des Kapitäns **Dapertutto**, dem sie die Spiegelbilder und damit die Seelen ihrer Liebhaber beschafft. **Hoffmann** verliebt sich in **Gulietta** und verspricht ihr, trotz **Niklaus** Warnung, sein Spiegelbild. Sie gibt ihm zu verstehen, dass ihr jetziger Liebhaber **Schlemihl** den Schlüssel zu ihrem Boudoir habe. Im Duell tötet **Hoffmann** mit **Dapertuttos** Degen den eifersüchtigen **Schlemihl** und nimmt den Schlüssel an sich. Als **Hoffmann** **Giuliettas** Schlafzimmer betritt, sucht er sie vergebens; enttäuscht muss er sie in den Armen **Pitichinaccios** in einer Gondel vorüberfahren sehen. **Niklaus** bringt ihn vor der anrückenden Polizei in Sicherheit.

5. Akt (Epilog):
Hoffmann hat in Luthers Keller seine letzte Geschichte beendet und singt die dritte Strophe des Liedes von Kleinzack, der wie er im Alkohol endet. Da betritt **Lindorf** mit **Stella** den Keller und zeigt ihr den völlig betrunkenen **Hoffmann**. Als die Freunde ihn wecken, hat sie mit **Lindorf** bereits das Lokal verlassen.

Jacques Offenbach: Les Contes d'Hoffmann

Bildteil 1

Dramatische Kernaussage

Die Angebetete und der Rivale

Impuls zur Bilderstellung

„Lies den Inhalt der Vorgeschichte, des Prologs und des Epilogs[1]. Welche drei Figuren bilden das Zentrum der dramatischen Handlung?"
> Der Dichter Hoffmann, seine angebetete Stella, die ihn verlassen hat, und sein Widersacher der Stadtrat Lindorf.

Hörbeispiele zur Bilderstellung
Textblatt

Prolog Nr. 5 Lied und Szene des Hoffmann „Il était une fois à la cour d'Eysenach" („Es war einmal am Hofe zu Eisenack")
„Während seiner Geschichte vom Kleinzack schweift Hoffmann schwärmerisch ab und beschreibt Stella; wie wird das musikalisch dargestellt?" > Tonartwechsel, langsameres Tempo beim Übergang, dann schwärmerisch immer bewegter; ruhige Akkorde im Orchester, lang gezogene Melodie mit Triolenaufschwüngen …

Bildteil 2

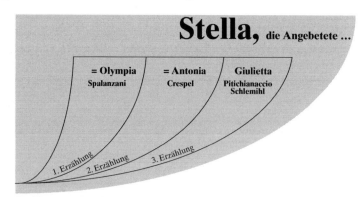

Dramatische Kernaussage

Die „Traumfrauen" und ihre männlichen Bezugspersonen

Impuls zur Bilderstellung
Arbeitsblatt: Aufgabe A), B), C)

„Lies den Inhalt der drei Geschichten (1., 2. und 3. Akt; ggf. arbeitsteilig) und trage die Namen der Figuren in die Zeilen *Die Traumfrauen* (> Olympia, > Antonia[2], > Giulietta), *Der Mann im Weg* (> Olympias Erfinder Spalanzani; > Antonias Vater, der Geigenbauer Crespel; > Giuliettas Geliebter Schlemihl später Pitichianaccio)."

Hörbeispiele zur Bilderstellung
Textblatt

„Wie werden die drei ‚Traumfrauen' musikalisch dargestellt?"
Olympia: Nr. 9, ab Couplet der Olympia „Les ois eaux dans la char mille („Phöbus stolz im Sonnenwagen"= > Das Mechanische der Puppe: sterile technische Koloraturläufe; Versagen der Mechanik: chromatische Leiter abwärts – Stocken – Fermate …

Antonia[2]: Nr. 18 Romanze der Antonia „Elle a fui, la tourterelle!" („Sie entfloh, die Taube, so innig")
„In der Regieanweisung am Ende der Romanze steht „*Sie sinkt ermattet in den Stuhl*

---

1 Prolog und Epilog auch Vorspiel und Nachspiel genannt; in verschiedenen Werkausgaben auch als Akt I und Akt V bezeichnet.
2 Reihenfolge der Erzählungen kann variieren: Früher wurde der Guilietta-Akt auch vor der Antonia-Erzählung gespielt.

Drebinger: Oper auf den Punkt gebracht
© Brigg Pädagogik Verlag GmbH, Augsburg

vor dem Klavier". Wie wird dies im Nachspiel dargestellt?" > Absteigende Melodielinie, Diminuendo …

Giulietta: *Nr. 13 Barcarole „Belle nuit, ô nuit d'amour" („Schöne Nacht, du Liebesnacht")* „Warum wirkt diese Musik zärtlich und verführerisch?" > Wiegender 6/8-Takt; wiegende Auf- und Abbewegungen der Singstimmen; zwei Frauenstimmen im Wechsel und in Terzparallelen; melismatische Textverteilungen (mehrere gebundene Noten über einer Silbe) auch über große Intervalle …

Bildteil 3

Dramatische Kernaussage

Wie stellt „Mann" sich „Frau" vor?
– **Die Frau als willenlose Puppe**
– **Die Frau als Schwache, Schutzbedürftige**
– **Die Frau als Verführerin**

Impuls zur Bilderstellung
Arbeitsblatt: Aufgabe D)

„Die drei ‚Traumfrauen' haben Eigenschaften, die Hoffmann auf seine angebetete Stella projeziert. Ordne die folgenden Begriffe den Frauen zu, indem du sie in die jeweilige Erzählungsfahne über den Namen der Traumfrau einträgst: Hure, gefügig, begabt, zärtlich, stark, krank, gefühllos, verträumt, hohl, willenlos, anziehend, Heilige, erotisch, sensibel, zwielichtig, schutzbedürftig, Puppe, schwach, verführerisch, tolles Äußeres …" > S. o.!

Bildteil 4

Dramatische Kernaussage

Der Rivale als Inbegriff des „Bösen"

Impuls zur Bilderstellung

„Der Stadtrat Lindorf erscheint in allen drei Erzählungen als dämonisch-bedrohliche Figur. Trage die Namen ein und beschreibe, warum die Figuren so bedrohlich wirken!" > Alle drei sind unrealistische Figuren mit übernatürlichen märchenhaften Kräften.

Drebinger: Oper auf den Punkt gebracht
© Brigg Pädagogik Verlag GmbH, Augsburg

| Hörbeispiele zur Bilderstellung | Lindorf: *Nr. 1b „Le conseilleur Lindorf, morbleu!" („Der Stadtrat Lindorf spricht mit dir!")* und *Nr. 2 Lied des Lindorf „Dans les rôles d'amoureurx langoureux" („Kann nicht schmachten und jugendlich girren")* |

Coppelius: *Nr. 8 „C'est moi, Coppelius" („Ich nenne mich Coppelius")* und *Nr. 8a Lied des Coppelius „J'ai des yeux, de vrais yeux" („Habe Brillen")*

Dr. Mirakel: *Nr. 22 Terzett (Mirakel, Antonia, eine Stimme) „Tu ne chanteras plus?" („Du wirst nicht mehr singen")*

Dapertutto: *Nr. 14a „Allez! Pour te livrer combat" („Ja geht! Der Kampf beginnt")* und *Nr. 15 Arie des Dapertutto „Scintille, diamant!" („Leuchte, heller Spiegel mir")*

> Alle Figuren werden mit derselben Melodie eingeführt: Schwergewichtig beginnen die tiefen Streicher in gemessenem Schritt, um nach deklamatorisch stark phrasierten, abwärts steigenden Sechzehnteln unisono mit einem Triller (gleich einem Trommelwirbel) die Bedeutung der Person hervorzuheben.

Drebinger: Oper auf den Punkt gebracht
© Brigg Pädagogik Verlag GmbH, Augsburg

Jacques Offenbach
LES CONTES D'HOFFMANN (Hoffmanns Erzählungen)

Stella, die Angebetete ...

... als ....
(Projektion)

„Die Traumfrau"

Der Mann im Weg

Das Böse

1. Erzählung 2. Erzählung 3. Erzählung

Hoffmann, der Dichter

Aufgabe A)

Trage die Namen der Frauenfiguren ein, denen Hoffmann in den drei Erzählungen begegnet! (Zeile „Traumfrau")

Aufgabe B)

In jeder Erzählung steht ein Mann in unmittelbarer Beziehung zu der Frauenfigur – wie heißt er jeweils und in welcher Beziehung steht er zur Frau? (Zeile „der Mann im Weg")

Aufgabe C)

In jeder Erzählung lässt eine bedrohliche männliche Figur den Wunschtraum Hoffmanns zerplatzen – trage die Namen ein! (Zeile „Das Böse")

Aufgabe D)

Die drei „Traumfrauen" haben Eigenschaften, die Hoffmann auf seine angebetete Stella projeziert. Ordne die folgenden Begriffe den Frauen zu, indem du sie in die jeweilige Erzählungsfahne über den Namen der Traumfrau einträgst:

Hure, gefügig, begabt, zärtlich, stark, krank, gefühllos, verträumt, hohl, willenlos, anziehend, Heilige, erotisch, sensibel, zwielichtig, schutzbedürftig, Puppe, schwach, verführerisch, tolles Äußeres ...

PROLOGUE
No 5
HOFFMANN
Il était une fois à la cour d'Eysenach
Un petit avorton qui se nommait Klein-Zach!
Il était coiffé d'un colbac,
Et ses jambes faisaient clic, clac!
Voilà Klein-Zach!

Il avait une bosse en guise d'estomac;
Ses pieds ramifiés semblaient sortir d'un sac,
Son nez était noir de tabac,
Et sa tête faisait cric, crac,
Voilà Klein-Zach.

Quant aux traits de sa figure …

Quant aux traits de sa figure …
Ah! sa figure était charmante! … Je la vois,
Belle comme le jour où, courant après elle,
Je quittai comme un fou la maison paternelle
Et m'enfuis à travers les vallons et les bois!
Ses cheveux en torsades sombres
Sur son col élégant jetaient leurs chaudes ombres.
Ses yeux, enveloppés d'azur,
Promenaient autour d'elle un regard frais et pur
Et, comme notre char emportait sans secousse
Nos cœurs et nos amours, sa voix vibrante et douce
Aux cieux qui l'écoutaient jetait ce chant vainqueur
Dont l'éternel écho résonne dans mon cœur!

NATHANAEL
O bizarre cervelle!
Qui diable peins-tu là! Klein-Zach? …

HOFFMANN
Je parle d'elle.

NATHANAEL
Lui touchant l'épaule Qui?

HOFFMANN
Non! Personne! … Rien! Mon esprit se troublait!
Rien! … Et Klein-Zach vaut mieux, tout difforme qu'il
est! …
Quand il avait trop bu de genièvre ou de rack
Il fallait voir flotter les deux pans de son frac,
Comme des herbes dans un lac! …
Et le monstre faisait flic, flac! …
Flic, flac!
Voilà Klein-Zach!

ACTE I
OLYMPIA
Les oi-seaux-dans-la-char-mille.
Dans-les-cieux-l'astre-du-jour,
Tout-parle-à-la-jeune-fil-le
D'a-mour! Voi-là
La-chan-son-gen-tille, voi-là,
La-chan-son-d'O-lym-pia! Ha!

Tout-ce-qui-chante-et-ré-sonne

VORSPIEL
Nr. 5 Lied und Szene mit Chor
HOFFMANN
Es war einmal am Hofe von Eisenack
Ein winziger Zwerg, der nannte sich Kleinzack.
Am Kopfe trug er den Kalpak,
Mit den Beinen, da ging's Clic Clac.
Das war Kleinzack.

Der hatte einen Höcker, so groß wie ein Sack.
Die krummen Beine stolperten immer Zickzack,
Die Nase schwarz von Schnupftabak.
Mit dem Kopfe, da ging's Cric Crac.
Das war Kleinzack.

Dann erst das Gesicht und diese Züge …

Ja, erst das Gesicht und diese Züge …
Doch, ihre Züge, welch ein Reiz! Ich seh sie, schön
Wie der Maientag, ich folgte ihren Spuren
Und verließ liebestrunken die väterlichen Fluren,
Und durchstreifte das Tal und des Waldes Revier.
Ihre dunklen Haare lieblich in Locken flossen
Um den Schwanenhals, wie von Alabaster gegossen!
Die Augen, des offnen Himmels klares Bild,
Sah'n um sich her, gazellengleich so sanft und mild;
Und wie im Ebenmaß die zarten Glieder schwebten,
Fühlt' ich mich liebentbrannt und meine Pulse bebten.
Ach, ihrer Stimme Ton, der Himmelslieder singt,
Mit süßem Echo mir im Herzen widerklingt!

NATHANAEL
Ach, wie zart – wie romantisch!
Wen, Teufel, meinst du denn? Kleinzack!?

HOFFMANN
Kleinzack? Ich sprach von ihr!

HERMANN
Von wem?

HOFFMANN
Nein! Von niemand! Nichts!
Ach, verwirrt war mein Sinn! Nichts!
Kleinzack taugt vielmehr,
Wenn er auch noch hässlicher wär!
Und trank er zu viel Branntwein und Arrak.
Da flattern im Winde die Schöße vom Frack!
Wie die Segel auf einem Wrack,
Und das Monstrum, das schien flick flack!
das war Kleinzack.

AKT I
OLYMPIA
Phöbus stolz im Sonnenwagen,
Nachtigall, im grünen Hage,
Alle jungen Mädchen sagen von Lieb!
Ach, sie sprechen von Lieb, ach!
Ja, das sind des Liedes Klagen,
So singt auch Olympia! Ach.

Alles jubelt laut, es klinget:

Drebinger: Oper auf den Punkt gebracht
© Brigg Pädagogik Verlag GmbH, Augsburg

Et-sou-pire-tour-à-tour-,
É-meut-son-cœur-qui-fris-sonne
D'a-mour! Voi-là
La-chan-son-mi-gnon-ne. Voi-là
La-chan-son-d'O-lym-pia. Ha!

ACTE II
Barcarolle
GIULIETTA ET NICKLAUSSE
Belle nuit, ô nuit d'amour,
Souris à nos ivresses,
Nuit plus douce que le jour,
O belle nuit d'amour!
Le temps fuit et sans retour
Emporte nos tendresses!
Loin de cet heureux séjour,
Le temps fuit sans retour
Zéphyrs embrasés,
Versez-nous vos caresses;
Zéphyrs embrasés
Donnez-nous vos baisers.

ACTE III
Romance
ANTONIA
Elle a fui, la tourterelle,
Elle a fui loin de toi!
Elle s'arrête et se lève.
Ah! Souvenir trop doux! Image trop cruelle! …
Hélas! À mes genoux, je l'entends, je le vois! …
Elle descend sur le devant de la scène.
Elle a fui, la tourterelle,
Elle a fui loin de toi! …
Mais elle est toujours fidèle
Et te garde sa foi.
Bien-aimé, ma voix t'appelle,
Tout mon cœur est à toi.
Elle se rapproche du clavecin et continue debout, en feuilletant la musique.
Chère fleur qui viens d'éclore,
Par pitié, réponds-moi,
Toi qui sais s'il m'aime encore,
S'il me garde sa foi! …
Bien-aimé, ma voix t'implore.
Que ton cœur vienne à moi! …

Elle se laisse tomber sur la chaise qui est devant le clavecin.

Wenn es immer nur so blieb'!
Ach, das Herz es sanft durchdringet mit Lieb'!
Ach, sie sprechen von Liebe.
Das sind ja Liebeslieder,
Es singt auch Olympia! Ach.

AKT II
Barcarole
GIULIETTA UND NIKLAUS
Schöne Nacht, du Liebesnacht,
O stille mein Verlangen!
Süßer, als der Tag uns lacht,
Die schöne Liebesnacht.
Flüchtig weicht die Zeit
unwiederbringlich unserer Liebe!
Fern von diesem lausch'gen Ort
entweicht die flüchtige Zeit.
Zephire, lind und sacht,
Die uns kosend umfangen,
Zephire haben sacht
Sanfte Küsse gebracht. – Ach.

AKT III
Romanze
ANTONIA
Sie entfloh, die Taube, so minnig –
O grausames Geschick!
Erinnerung süß und sinnig.
Noch hör und seh ich ihn auf den Knien vor mir!
Ach Gott!
Sie entfloh, die Taube, so minnig,
Sie entfloh weit von hier!
Doch er liebt mich ewig und innig,
Und die Treu' wahrt er mir.
O mein Geliebter, dein nur bin ich,
Mein ganzes Herz gehöret dir!
Liebe Blume frisch erblühet,
Zu dir fleh' ich, antworte mir,
Ob für mich sein Herz noch erglühet,
Ob er Treue mir hielt?
O mein Geliebter, zu dir ziehet
Mit ganzer Seele es mich hin.
Ach mein Herz schlägt für dich!
Sie entfloh, die Taube so minniglich,
Sie entfloh weit von hier!

Sie sinkt ermattet in den Stuhl vor dem Klavier.

Drebinger: Oper auf den Punkt gebracht
© Brigg Pädagogik Verlag GmbH, Augsburg

Carl Orff

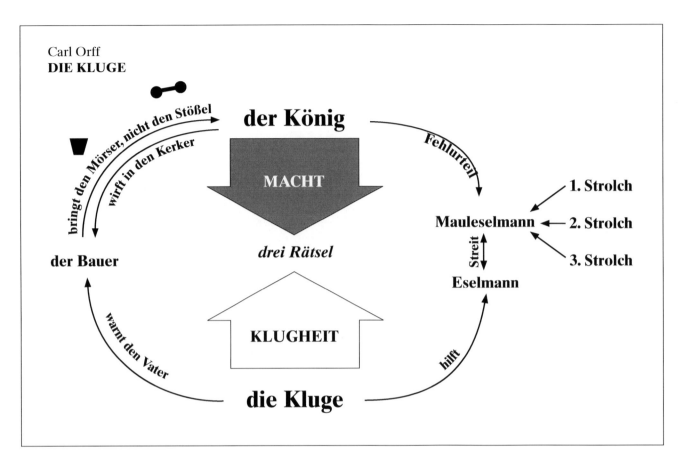

Carl Orff
DIE KLUGE

bringt den Mörser, nicht den Stößel
wirft in den Kerker

der König

MACHT

drei Rätsel

KLUGHEIT

der Bauer

warnt den Vater

die Kluge

Fehlurteil

Mauleselmann ← 2. Strolch

1. Strolch

3. Strolch

Streit

Eselmann

hilft

Carl Orff
* 10. Juli 1895 in München
† 29. März 1982 in München

DIE KLUGE
Die Geschichte vom König und der klugen Frau
Text: Carl Orff
Uraufführung: 20. 2. 1943
Frankfurt/Main
Aufführungsdauer: ca. 90 Min.

Märchenland zur Märchenzeit

Ein **Bauer** jammert im Kerker: Er hatte einen goldenen Mörser auf dem Feld gefunden und dem **König** gebracht. Der bezichtigte ihn, den Stößel für sich behalten zu haben, und ließ ihn in den Kerker werfen. Seine **kluge Tochter** hatte ihm das vorhergesagt und ihn gewarnt.

Als der **König** von der klugen Bauerntochter erfährt, lässt er sie zu sich kommen. Er stellt ihr drei Rätsel. Sie löst sie ohne Probleme. Ihr Vater kommt frei. Sie wird des Königs Frau.

Eines Tages erscheinen zwei Männer vor dem König. Sie erbitten ein Urteil. Die Eselin des einen hatte in der Nacht ein Fohlen geworfen, das nun der andere beansprucht, da es näher bei seinem Maulesel gelegen hätte. Der **König** entscheidet zugunsten des Mannes mit dem Maulesel ("**Mauleselmann**"), da dieser von drei **Strolchen** unterstützt wird. Der "**Eselmann**" klagt über das ungerechte Urteil. Die **kluge Königin** tröstet ihn und verspricht, ihm zu helfen.

Etwas später sieht der **König** den "**Eselmann**" mit einem Netz auf dem Marktplatz sitzen. Er fragt ihn, was er da täte. Dieser antwortet, wenn Maulesel Junge bekommen könnten, dann wäre es auch möglich, Fische auf dem Trockenen zu fangen. Der Mann wird wegen seiner frechen Antwort gleich in den Kerker geworfen. Der **König** aber weiß, wer diesem einfachen Burschen die kluge Antwort geraten hat. Er verstößt seine **kluge Frau**. Nur eine Truhe mit dem Liebsten, was sie habe, dürfe sie mitnehmen. Die **Kluge** mischt ihrem Mann ein Schlafmittel in das Essen, packt den Schlafenden in die Truhe und lässt ihn aus dem Schloss bringen. Als der **König** aufwacht, wird er sich nicht nur der Klugheit, sondern auch der Liebe seiner Frau bewusst und nimmt sie glücklich wieder mit auf sein Schloss. Der "**Eselmann**" bekommt sein Fohlen zurück und noch einen Batzen Geld dazu.

Drebinger: Oper auf den Punkt gebracht
© Brigg Pädagogik Verlag GmbH, Augsburg

Carl Orff: Die Kluge

Bildteil 1

der König

der Bauer
(Sprecher)

die Kluge
die Tochter

Dramatische Kernaussage

Märchenfiguren und ihre Bedeutung

Impuls zur Bilderstellung
Arbeitsblatt: Aufgabe A)

„Höre die *1. Szene* genau an (inkl. Dialog mit dem König; ohne Kenntnis der Inhaltsbe-schreibung). Achte auf jedes Wort (> *Pflug*)! Wer spricht hier und über welche anderen Personen wird gesprochen?" > S. o.

„Viele Märchen handeln von einem König und einem Mädchen, in manchen kommt auch ein Bauer vor – wie werden diese Figuren im Märchen meistens dargestellt, wofür stehen sie symbolisch? Suche Adjektive!" (Tabelleneintrag)

> König: Reichtum Macht; > Bauer: Armut, Fleiß, Einfachheit, Einfalt ...; > Mädchen (in Verbindung mit einem Prinzen oder König): Armut, Schönheit, Unschuld ...

Bildteil 2

Dramatische Kernaussage

„Denn wer viel hat, hat auch die Macht, und wer die Macht hat, hat das Recht, und wer das Recht hat, beugt es auch"

Impuls zur Bilderstellung
Arbeitsblatt: Aufgabe B), C)

„Höre die 1. Szene noch mal an – was ist passiert?" > Der Bauer bringt den gefundenen goldenen Mörser zum König; er wird angeklagt, den Stößel unterschlagen zu haben, und landet im Kerker; seine Tochter hatte ihn vor der Gier des Königs gewarnt.

„Welche allgemeinen Aussagen seiner Tochter wiederholt der Bauer in seiner Not?" > *„Wer viel hat, hat nie genug";* > *„Denn wer viel hat, hat auch die Macht, und wer die Macht hat, hat das Recht, und wer das Recht hat, beugt es auch".*

„Diskutiere die Aktualität dieser pauschal formulierten Aussage!"

„Was sagt der König spöttisch über die Tochter des Bauern?" > *„Du hast wohl eine kluge Tochter?"*

Hörbeispiele zur Bilderstellung

1. Szene „Oh hätt' ich meiner Tochter nur geglaubt!"
„Wie stellt Orff das Klagen des Bauern musikalisch dar?" > Schnelle Textrezitation auf immer gleicher chromatischer Abwärtsmelodie („Hätt' ich meiner Tochter…"); ständiges Wiederholen gleicher Phrasen; Stocken und Wiederholen von Wörtern; Steigerung von Tonhöhe und Lautstärke.

Bildteil 3
Arbeitsblatt: Aufgabe D)

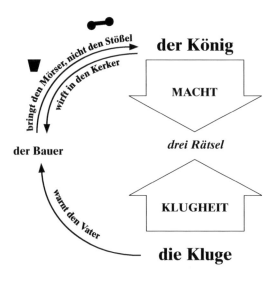

Dramatische Kernaussage

Kopf gegen Faust – wer wird gewinnen?

Impuls zur Bilderstellung

„Der König gibt der Klugen drei Rätsel – du bekommst die drei Rätsel vorgelesen; versuche, sie zu lösen!" (Ggf. Hilfen geben)
> 1. Rätsel: *„Es kam ein Gast von ungefähr, nit geritten, nit gegangen, nit geflogen daher, und als er kam in das Wirtshaus, da fiel das Haus zum Fenster heraus."* Lösung: der Fisch im Netz.
> 2. Rätsel: *„Es ist ein Vogel aus Elfenbein, der springt landab, landauf, landein, er frisst den Müller samt Mühlenstein, Haus und Hof und den Bauern noch obendrein."* Antwort: das Würfelspiel.
> 3. Rätsel: *„Es floss ein Mühlenstein auf dem Wasser, da saßen drei Männer drauf. Der eine war blind, der andere lahm, der dritte war nackt, so nackt, dass es knackt. Der blinde Blinde sah einen Hasen, der Lahme, der lief ihm nach und packt ihn, der Nackte steckt ihn in die Tasche."* Antwort: eine Lüge.

Hörbeispiele zur Bilderstellung

3. Szene „Du also bist die Kluge" (König, Kluge): „Höre die Rätselszene – wie werden das Fragen des Königs, wie die Antworten der Klugen dargestellt?"
> König: hastiges Vorspiel; sarkastische hämische Singstimme („jede Silbe betonend"; Sprünge).
> Kluge: vor den Fragen „Ganz ruhig" (souverän) über liegendem Holzbläserklang; Denkzwischenspiel (Flöte und Harfe); 1. Antwort: ruhige Melodie; mysteriöse Klavier-/Celesta-Arpeggien: Denkzwischenspiel: „besinnliche" Tonrepetition der Bratsche; 2. Antwort: „dolce", staccato, etwas schnippisch mit Echo in Flöten und Geigenpizzicato; 3. Frage: Steigerung des Tempos, furiose Läufe (König nervös, ärgerlich 3. Antwort: nachdenkliche Fragewiederholung über Tonrepetitionen.

Drebinger: Oper auf den Punkt gebracht
© Brigg Pädagogik Verlag GmbH, Augsburg

Bildteil 4

Dramatische Kernaussage

Wieder ein Fehlurteil: Das „Nahe-Liegende" ist nicht immer das Richtige

Impuls zur Bilderstellung

„Höre die 5. *Szene* und überprüfe das Urteil des Königs!" > Der Eselmann hat Recht: Maulesel können keinen Nachwuchs bekommen.

Hörbeispiele zur Bilderstellung

5. *Szene:* „Wie werden der Mauleselmann und die drei Strolche dargestellt?"
> Scheinheilig (*„o weh"*); „ausgelassen" (*„fallerala"*).
„Warum klingt das Urteil des Königs unüberlegt?" > Nur schnell dahingesprochen, nicht gesungen.
6. *Szene „Weh mir, wie konnte das gescheh'n?"* (Eselmann, Kluge); 9. *Szene Ende „Lass mich die Tafel bereiten"* (König, Kluge); 12. *Szene „Was ist, wo bin ich?"* (König, Kluge, Bauer):* „Wie komponiert Orff die Besonnenheit der Klugen?"
> In allen Szenen lange Begleitklänge oder nachdenkliche Tonrepetitionen, nie hektisch, immer piano, Stimme bewegt sich frei auf Rezitationstönen oder in sanften Melodielinien.

Arbeitsblatt: Aufgabe D)

Impuls zum Arbeitsblatt

„Wo hat sich überall die Klugheit der Bauerntochter gezeigt? Trage Stichwörter in den Pfeil über der Klugen ein!" > (a) Beim Rat an den Vater; (b) bei den Rätseln; (c) beim Rat an den unrecht behandelten Eselmann; (d) als der König sie hinauswarf und sie ihn in der Truhe mitnahm.

Drebinger: Oper auf den Punkt gebracht
© Brigg Pädagogik Verlag GmbH, Augsburg

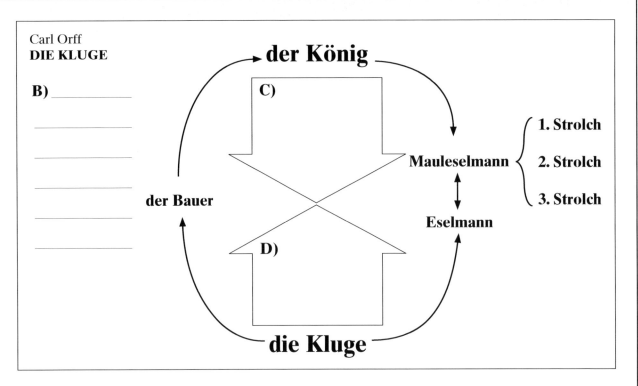

Carl Orff
DIE KLUGE

B) _____

_____

_____

_____

der König

C)

der Bauer

Mauleselmann

1. Strolch

2. Strolch

3. Strolch

Eselmann

D)

die Kluge

Aufgabe A)

In vielen Märchen kommen Könige, ein Bauer und auch eine Bauerntochter vor – wie werden diese Figuren meistens dargestellt, wofür stehen sie? Suche Adjektive!

König	Bauer	Tochter

Aufgabe B)

Höre die Klage des Bauern aufmerksam an. Was ist passiert zwischen dem König und dem Bauern? Trage im Bild Stichworte neben den Pfeilen ein!

Aufgabe C)

Der Bauer erzählt, dass seine kluge Tochter neben den konkreten Ratschlägen auch allgemeine Aussagen über den König oder königsähnliche Personen gemacht hat; trage diese Aussagen als Schlagworte in den Pfeil unter dem König ein! Können diese Aussagen zutreffen?

Aufgabe D)

Wodurch zeigt sich die Klugheit der Bauerntochter? Trage Stichwörter in den Pfeil über der Klugen ein!

Drebinger: Oper auf den Punkt gebracht
© Brigg Pädagogik Verlag GmbH, Augsburg

Giacomo Puccini

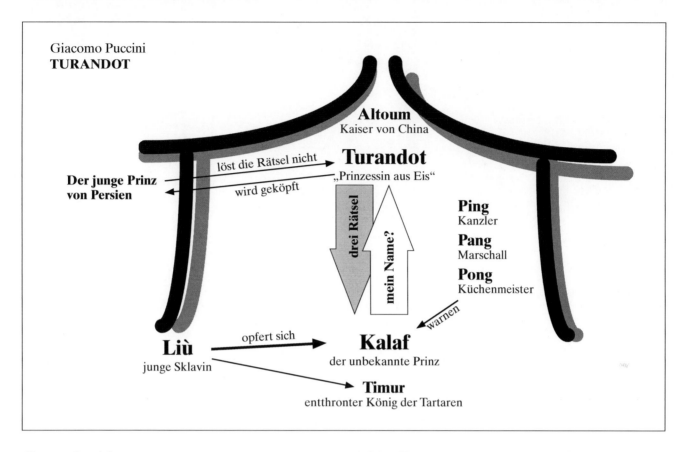

Giacomo Puccini
TURANDOT

Altoum
Kaiser von China

Turandot
„Prinzessin aus Eis"

löst die Rätsel nicht → **Turandot**

**Der junge Prinz
von Persien**
← wird geköpft

drei Rätsel

mein Name?

Ping
Kanzler

Pang
Marschall

Pong
Küchenmeister

warnen

Liù
junge Sklavin
— opfert sich → **Kalaf**
der unbekannte Prinz

Timur
entthronter König der Tartaren

Drebinger: Oper auf den Punkt gebracht
© Brigg Pädagogik Verlag GmbH, Augsburg

Giacomo Puccini
* 22. Dezember 1858 in Lucca
† 29. Novembre 1924 in Brüssel

TURANDOT
Lyrisches Drama, 3 Akte (5 Bilder)
Text: Giuseppe Adami/Renato Simoni
Uraufführung: Mailand, 25.04.1926
Dauer: 2 Std. 30 Min.

In Peking zu legendärer Zeit

1. Akt:
Von den Mauern der Kaiserstadt herab verkündet der Mandarin, die Prinzessin **Turandot** werde nur den Mann von königlicher Herkunft heiraten, der die drei von ihr gestellten Rätsel löst. Wer versagt, stirbt. Im Tumult hilft Prinz **Kalaf** einem alten blinden Mann und erkennt in ihm seinen Vater **Timur** wieder, der als König der Tartaren vom Kaiser von China entthront worden ist. Er ist wie sein Sohn unerkannt auf der Flucht und wird von der treuen Sklavin **Liù** begleitet, die **Kalaf** heimlich liebt. Der **Prinz von Persien** konnte die Rätsel nicht lösen und wird zur Hinrichtung geführt. Das Volk empfindet Mitleid. Die schöne, aber kalte Prinzessin **Turandot** kennt jedoch keine Gnade. **Kalaf** ist von Turandots Anblick geblendet. Drei Masken, der Kanzler **Ping**, der Marschall **Pang** und der Küchenmeister **Pong** stellen sich ihm warnend in den Weg. **Kalaf** jedoch schlägt dreimal den Gong – das Zeichen, dass er sich als Freier meldet.

2. Akt:
Ping, **Pang** und **Pong** treffen sich zur Beratung: Sie zählen die Opfer der grausamen **Turandot** auf. China muss endlich wieder zur Ruhe kommen.

Auf dem Platz versammelt sich die Menge. Es erscheinen die **acht Weisen** mit den Lösungen der Rätsel, der Kaiser **Altoum** und **Turandot**. Sie verkündet, dass sie Rache nimmt für die Freveltat, die ein Mann an einer ihrer Ahnen verübt habe. Dann stellt sie die erste Frage: Welches Phantom werde jede Nacht neu in den Herzen der Menschen geboren, um tags darauf wieder zu sterben? **Kalaf** antwortet richtig: die Hoffnung. Die zweite Frage: Es lodere wie eine Flamme und sei doch kein Feuer, im Fieber rase es ungestüm und es sei kalt im Tod, im Gedanken an den Sieg glühe es auf und sein Glanz gleiche der Sonne am Abend. Stille – „Das Blut", antwortet **Kalaf** wieder richtig. Die letzte Frage: An welchem Eis, das durch des Prinzen Feuer noch mehr erstarrt, werde **Kalaf** verbrennen? Zögern, dann die Lösung: Das Eis sei **Turandot**. Das Volk jubelt. **Turandot** ist bestürzt, sie fleht ihren Vater an, sie nicht wie eine Sklavin herzugeben. Aber **Altoum** hält sein Wort. **Kalaf** bietet ihr jedoch an, freiwillig zu sterben , wenn sie bis zum Morgen seinen Namen erraten würde.

3. Akt:
Auf Befehl **Turandots** darf keiner in dieser Nacht schlafen; sie will den Namen wissen. **Ping**, **Pang** und **Pong** versuchen, **Kalaf** sein Geheimnis zu entlocken. **Timur** und **Liù** werden herbeigeschleppt. **Liù** beteuert, nur sie wisse den Namen des Unbekannten. Als sie gefoltert wird, bleibt **Liù** standhaft und prophezeit **Turandot**, dass sie den Mann, den sie (**Liù**) **heimlich liebe, auch noch lieben würde**. **Liù** entreißt einem Soldaten den Dolch und ersticht sich. **Turandot** ist verwirrt und gesteht, sie habe **Kalaf** von Anfang an sowohl gehasst als auch geliebt. Da gibt **Kalaf** freiwillig sein Schicksal in ihre Hände, indem er seinen Namen verrät. Vor dem Thron **Altoums** verkündet **Turandot** dem Volk den Namen des Fremdlings: Er heiße „Liebe".

Bildteil 1

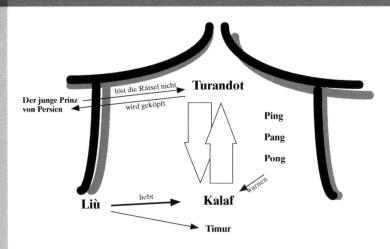

Dramatische Kernaussage

Es war einmal ... in einem fernen Land

Impuls zur Bilderstellung
Arbeitsblatt: Aufgabe B), C)

„So können viele Märchen beginnen. Lies die Inhaltsangabe des 1. Aktes und trage die Namen in die Grafik des Arbeitsblattes ein!" > S. o.
„Beschrifte der Reihe nach die die Personen verbindenden Pfeile!" > S. o.

Hörbeispiele zur Bilderstellung
Arbeitsblatt: Aufgabe A)

1. Akt, Anfang „Popolo di Pekino!" („Volk von Peking"): „An welchen Schallparametern (Stärke, Dauer, Höhe, Farbe) erkennst du am ehesten die fernöstlichen Klänge?" > Merkmale fernöstlicher Musik: Schallmerkmal Dauer (kurze Motive; häufige Motivwiederholungen, lang gehaltene Klänge); Schallmerkmal Höhe (pentatonische Tonleiter, modale Melodien, z. B. in Dorisch, Dreitonmotive, Terzmelodik, Quartklänge, Glissandi); Schallmerkmal Klangfarbe (Schlaginstrumente: Becken, Glocken, Gongs; Tamtam; Xylophon etc.)
Praktische Versuche an Stabspielen oder Keyboard: Spielen auf schwarzen Tasten (Pentatonik): „Erfinde kurze Melodiebausteine und wiederhole sie! Spiele in Quartparallelen! Verwende dazu die genannten Instrumente oder wähle die Klänge auf dem Keyboard aus!"

Bildteil 2

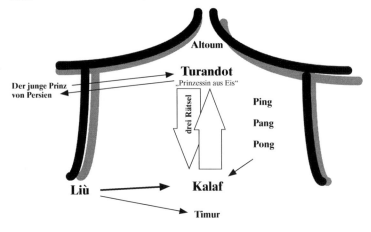

Dramatische Kernaussage

a) „Prinzessin aus Eis" oder „Femme fatale"
b) Die Rätsel der rätselhaften (Jung-)Frau

Impuls zur Bilderstellung
Arbeitsblatt: Aufgabe D),
B) weiter

a) „Das Merkmal ‚männermordend' hat hier im Märchen wörtliche Bedeutung. Im übertragenen Sinn übt der ‚Vamp' oder die ‚Femme fatale', die Frau also, die Männer kalt und überlegen behandelt, eine erotische Anziehung aus. Nenne dir bekannte Beispiele aus Literatur und Film!" > *„Carmen"* (Novelle, Oper); *„The Kiss of the Spiderwoman"* (Novelle, Film, Musical); *„Basic Instinct"* (Film mit S. Stone); *„Femme fatale"* (Film mit R. Romijn-Stamos), *„Sin City"* (Film mit J. Alba) etc.
b) „Alle Freier müssen drei Rätsel lösen. Versuche dies selbst, bevor du die Inhaltsangabe vom 2. Akt liest!" (Ggf. Hilfen geben)
> 1. Lösung: *die Hoffnung*; 2. Lösung: *das Blut*; 3. Lösung: *Turandot* („Die Prinzessin aus Eis") selbst.

Drebinger: Oper auf den Punkt gebracht
© Brigg Pädagogik Verlag GmbH, Augsburg

c) „Lies die Inhaltsbeschreibung des 2. Aktes und beschrifte die Grafik weiter!" > S. o.
d) „Welche Erklärung gibt Turandot für ihr grausames Verhalten?"
> Das Unrecht, die Gewalt, die einer Ahnin von einem Mann angetan worden ist.

Chorszene des 1. Aktes „Popolo di Pekino!" („Volk von Peking"): „Achte darauf, wie die Menge reagiert!" > Zuerst fordern sie die Hinrichtung (sensationslüsternes, blutrünstiges Verhalten), dann Mitleid (wankelmütige Masse).
„Wie verhalten sich Menschenmengen heute und in der Vergangenheit (Rockkonzerte, Sportereignisse, …)?" > Massenreaktion; Sensationslust etc.
„Beachte das Bild des ‚blutroten Mondes'! Wo kommen ähnlich schaurige Bilder vor?" > *Salome, Pierrot lunaire, Woyzek,* aber auch in Horrorfilmen.

Bildteil 3

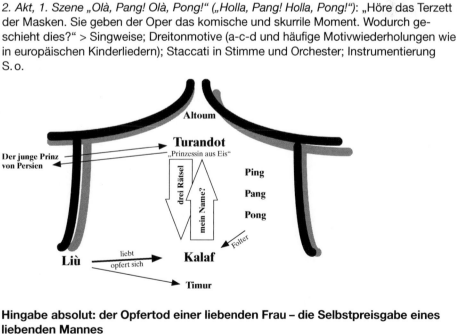

Dramatische Kernaussage

Die Masken: lustig, zynisch, undurchschaubar

Impuls zur Bilderstellung Textblatt

„Die drei Masken Ping, Pang und Pong treten mehrmals in Erscheinung – nenne die Zusammenhänge!" > 1. Kalaf warnend; 2. Um den Staat besorgt; 3. Als Handlanger Turandots. „Wie lässt sich das erklären?" > Alle drei Figuren sind Staatsorgane, die funktionieren, aber nicht fühlen (deshalb Masken); sie repräsentieren Typen, haben aber keinen persönlichen Charakter.

Hörbeispiele zur Bilderstellung

2. Akt, 1. Szene „Olà, Pang! Olà, Pong!" („Holla, Pang! Holla, Pong!"): „Höre das Terzett der Masken. Sie geben der Oper das komische und skurrile Moment. Wodurch geschieht dies?" > Singweise; Dreitonmotive (a-c-d und häufige Motivwiederholungen wie in europäischen Kinderliedern); Staccati in Stimme und Orchester; Instrumentierung S. o.

Bildteil 4

Dramatische Kernaussage

Hingabe absolut: der Opfertod einer liebenden Frau – die Selbstpreisgabe eines liebenden Mannes

Impuls zur Bilderstellung
Arbeitsblatt: Aufgabe C)

a) „Als Turandot ihren Vater Altum anfleht, sie trotz der gelösten Rätsel nicht zu verheiraten, bietet ihr Kalaf seinerseits ein Rätsel, bei dem er eigentlich nur verlieren kann – warum?" > Wenn er gewinnt, hat er nicht mehr, als er sowieso schon gewonnen hat (Turandot), wenn er verliert, muss er sterben. „Warum bietet er es dann an?" > Weil er Turandot nicht zwingen, sondern ihre Liebe gewinnen will.

b) „Wodurch schmilzt ‚das Eis' um die Prinzessin schließlich doch?" > Durch den Liebestod der Sklavin Liù, die Kalafs Vater Timur schonen will, und die freiwillige Preisgabe von Kalafs Namen. „Kennst du andere Geschichten, in denen sich Frauen aus Liebe opfern oder Männer ihr Schicksal in die Hand einer Frau legen?" > Der fliegende Holländer; Tannhäuser.

Hörbeispiele zur Bilderstellung
Textblatt

3. Akt, 1. Szene, Folterszene der Liù ab „Prinzipessa, ascoltami!"(„Nun denn, Prinzessin, höre mich!")
Finale

Drebinger: Oper auf den Punkt gebracht
© Brigg Pädagogik Verlag GmbH, Augsburg

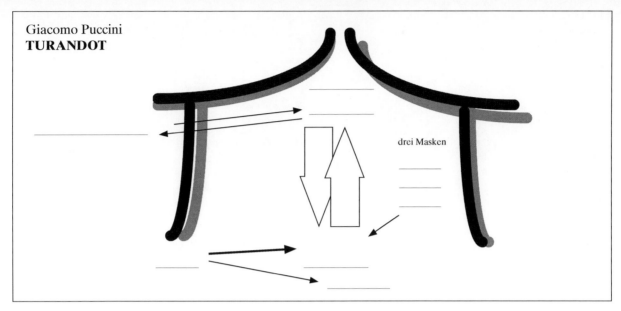

Giacomo Puccini
TURANDOT

drei Masken

Aufgabe A)

An welchen Schallparametern erkennst du am ehesten die fernöstlichen Klänge? Wähle aus und trage die Merkmale ein!

a) Stärke	b) Dauer	c) Höhe	d) Farbe
(Lautstärke)	(Tonlängen, Rhythmen, Takt, …)	(Tonsysteme, Motive, Melodien, …)	(Instrumente, Orchestrierung, …)

Aufgabe B)

Lies die Inhaltsangabe des 1. Aktes und trage die Namen der Personen in die Grafik ein! Achte dabei auf die Positionen und Beziehungen der Namen (wichtigste Figuren im Zentrum, Pfeilbeziehungen)!

Aufgabe C)

Beschrifte der Reihe nach die Pfeile, die die Personen verbinden!

Aufgabe D)

Versuche die Rätsel der Turandot zu lösen, bevor du die Inhaltsangabe des 2. Aktes liest (rechne damit, dass diese Rätsel mit der Situation von Kalaf und Turandot zu tun haben)!

1. *Rätsel: Welches Phantom wird jede Nacht neu in den Herzen der Menschen geboren, um tags darauf wieder zu sterben?*

2. *Rätsel: Es lodert wie eine Flamme und ist doch kein Feuer, im Fieber rast es ungestüm und im Tod ist es kalt, im Gedanken an den Sieg erglüht es und sein Glanz gleicht der Sonne am Abend – was ist das?*

3. *Rätsel: An welchem Eis, das durch des Prinzen Feuer noch mehr erstarrt, werde er, Kalaf, verbrennen?*

Drebinger: Oper auf den Punkt gebracht
© Brigg Pädagogik Verlag GmbH, Augsburg

ATTO I

UN MANDARINO
Popolo di Pekino! La legge è questa: Turandot la Pura
sposa sarà di chi, di sangue regio,
spieghi i tre enigmi ch'ella proporrà.
Ma chi affronta il cimento e vinto resta,
porga alla scure la superba testa!

LA FOLLA Ah! Ah!

IL MANDARINO
Il Principe di Persia
avversa ebbe fortuna:
al sorger della luna,
per man del boia muoia!

LA FOLLA
Muoia! Si, muoia!
Noi vogliamo il carnefice!
Presto, presto! Muoia! Muoia!
Al supplizio! Muoia! Muoia!
Presto, presto!
Se non appari, noi ti sveglierem!
Pu-Tin-Pao, Pu-Tin-Pao!
Alla reggia! Alla reggia!

A FOLLA
Perchè tarda la luna? Faccia pallida!
Mostrati in cielo! Presto, vieni!
Spunta! O testa mozza!
O squallida! Vieni! Spunta!
Mostrati in cielo! O testa mozza! O esangue!
O esangue, o squallida! O taciturna!
O amante smunta dei morti!
O taciturna, … mostrati in cielo!
Come aspettano ... O taciturna!
Il tuo funereo … lume i cimiteri!
O esangue, squallida! O testa mozza!
Ecco laggiù un barlume! Vieni, presto, spunta!
O testa mozza, ... spunta!
Vieni! O testa mozza, vieni!
Mostrati, o faccia pallida!
O faccia pallida! O esangue, pallida!
Vieni, o amante smunta dei morti!
O amante … smunta dei morti!
Vieni, vieni, spunta!
Ecco laggiù un barlume ... dilaga in cielo ...
... la sua luce smorta!

LA FOLLA
O giovinetto! Grazia, grazia!
Com'è fermo il suo passo! Grazia!
Com'è dolce, com'è dolce il suo volto …
… Ha negli occhi l'ebbrezza! Pietà!
Com'è fermo il suo passo!
Ha negli occhi la gioia! Pietà! Pietà!

CALAF Ah! La grazia!

LE DONNE, I TENORI Pietà! …

CALAF
Ch'io ti veda
e ch'io ti maledica!
Crudele, ch'io ti maledica!

AKT I

EIN MANDARIN
Volk von Peking! Dies ist das Gesetz: Turandot die Reine
wird die Braut dessen, von königlichem Blute, der die
drei Rätsel löst, die sie aufgibt. Doch wer die Probe
unternimmt und sie nicht besteht, dem Beile biete er
sein stolzes Haupt.

DIE MENGE Ah! Ah!

DER MANDARIN
Der Prinz von Persien,
nicht geneigt war ihm das Glück!
Beim Mondesaufgang
stirbt er von der Hand des Henkers!

DIE MENGE
Er sterbe! Ja, er sterbe!
Wir wollen den Scharfrichter!
Schnell, schnell! Er sterbe! Er sterbe!
Die Strafe! Er sterbe! Er sterbe!
Schnell! Schnell!
Wenn du nicht kommst, wecken wir dich,
Pu-Tin-Pao, Pu-Tin-Pao!
Zum kaiserlichen Palaste!

DIE MENGE
Warum zögert der Mond? Bleiches Antlitz!
Zeig dich am Himmel! Schnell, komm herbei!
Erscheine! O abgeschlagenes Haupt!
O Scheusal! Komm! Erscheine!
Zeig dich am Himmel! O abgeschlagenes Haupt! Blutleer!
O blutleeres Scheusal! O Schweigsamer!
O abgezehrter Freund der Toten!
O Schweigsamer ... zeig dich am Himmel!
Schon erwarten ... o Schweigsamer,
dein Begräbnis ... die Lichter des Friedhofes!
O blutleeres Scheusal! O abgeschlagenes Haupt!
Seht da unten den Schimmer! Komm, geschwind, erscheine!
O abgeschlagenes Haupt ... erscheine!
Komm! O abgeschlagenes Haupt, komm!
Zeig dich, o bleiches Antlitz!
O bleiches Antlitz! O blutleerer Bleicher!
Komm, o abgezehrter Freund der Toten!
O abgezehrter ... Freund der Toten!
Komm, komm, erscheine!
Seht da unten den Schimmer ... über den Himmel breitet sich…
... sein blasses Licht!

DIE MENGE
O Jüngling! Gnade, Gnade!
Wie fest sein Schritt! Gnade!
Wie süß, wie süß ist sein Antlitz! …
... Seine Augen sind trunken! Erbarmen!
Wie fest sein Schritt!
In seinen Augen ist Freude! Erbarmen, Erbarmen!

KALAF Ah! Gnade!

FRAUEN, TENÖRE Erbarmen! …

KALAF
Ich will dich sehen
und will dich verfluchen!
Grausame, verfluchen will ich dich!

Drebinger: Oper auf den Punkt gebracht
© Brigg Pädagogik Verlag GmbH, Augsburg

LA FOLLA
Pietà! Pietà! *Ecc.* Principessa! La grazia! La grazia! *Ecc.*

Appare Turandot al loggiato imperiale; la folla si prostra.

ATTO II
1. Quadro
PING
Olà, Pang! Olà, Pong!
Poichè il funesto gong
desta la reggia e desta la città,
siam pronti ad ogni evento:
se lo straniero vince, per le nozze,
e s'egli perde, pel seppellimento.

PONG Io preparo le nozze ...

PANG ... ed io le esequie, ...

PING
O China, o China,
che or sussulti e trasecoli
inquieta,
come dormivi lieta,
gonfia dei tuoi settantamila secoli!

PING, PONG, PANG
Tutto andava secondo
l'antichissima regola del mondo.

PANG, PONG, PING
Poi nacque ... Turandot!

PING
E sono anni che le nostre feste
si riducono a gioie come queste: ...

PONG ... tre battute di gong, ...

PANG ... tre indovinelli ...

PANG, PONG, PING ... e giù teste!

PANG L'anno del Topo furon sei.

PONG L'anno del Cane furon otto.

PANG, PING, PONG
Nell'anno in corso,
il terribile anno della Tigre,
siamo già al tredicesimo!

PONG, PANG ... tredicesimo, con quello che va sotto!

PING Che lavoro!

PONG Che noia!

ATTO III
1. Quadro
LIÙ
Si, Principessa, ascoltami!
Tu che di gel sei cinta,
da tanta fiamma vinta,
l'amerai anche tu!
Prima di questa aurora,
io chiudo stanca gli occhi,
perchè egli vinca ancora ...
Ei vinca ancor!
Per non ... per non vederlo più!
Prima di questa aurora,
io chiudo stanca gli occhi
per non vederlo più!

DIE MENGE
Erbarmen, Erbarmen! *Usw.* Prinzessin! Gnade! Gnade! *Usw.*

Turandot erscheint im kaiserlichen Bogengang; die Menge stürzt zu Boden.

AKT II
1. Szene
PING
Holla, Pang! Holla, Pong!
Seit der unheilvolle Gong
erweckte den Palast und erweckte die Stadt,
sind wir bereit für jeden Fall:
Siegt der Fremdling, so ist's für die Hochzeit,
und verliert er, so ist's fürs Begräbnis.

PONG Ich bereite die Hochzeit …

PANG ... und ich die Leichenfeier … *usw.*

PING
O China, o China!
wie du nun zuckst und
beunruhigt aufschreckst,
da du glücklich schliefst,
erfüllt mit deinen siebzigtausend Jahrhunderten!

PING, PONG, PANG
Alles nahm seinen Lauf gemäß
der ältesten Regel der Welt.

PANG, PONG, PING
Dann wurde geboren ... Turandot!

PING
Und seit Jahren sind unsere Feste
auf die folgenden Freuden beschränkt:

PONG ... drei Schläge auf den Gong ...

PANG ... drei Rätsel ...

PANG, PONG, PING ... und herunter die Köpfe!

PANG Im Jahre der Maus waren es sechs.

PONG Im Jahre des Hundes waren es acht.

PANG, PING, PONG
Im laufenden Jahre,
dem schrecklichen Jahre des Tigers
sind wir bereits am dreizehnten!

PONG, PANG … dreizehn, mit dem, der untergeht!

PING Welche Arbeit!

PONG Welcher Überdruss!

AKT III
1. Szene
LIÙ
Ja, Prinzessin, höre mich!
Du, die du von Eis umgürtet,
von so starker Flamme wirst du besiegt,
und auch du wirst ihn lieben!
Noch ehe die Morgenröte erscheint,
schließe ich müde die Augen,
damit er nochmals siege …
er nochmals siege!
Um nie … um nie ihn wiederzuseh'n!
Noch ehe die Morgenröte erscheint,
schließe ich müde die Augen,
um nie ihn wiederzuseh'n!

Drebinger: Oper auf den Punkt gebracht
© Brigg Pädagogik Verlag GmbH, Augsburg

Giuseppe Verdi

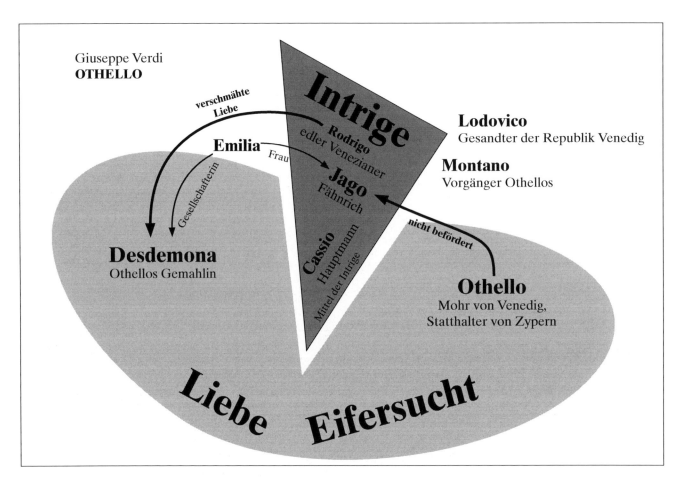

Giuseppe Verdi
OTHELLO

verschmähte Liebe

Intrige

Rodrigo
edler Venezianer

Lodovico
Gesandter der Republik Venedig

Emilia *Frau*

Montano
Vorgänger Othellos

Gesellschafterin

Jago
Fähnrich

Cassio
Hauptmann
Mittel der Intrige

nicht befördert

Desdemona
Othellos Gemahlin

Othello
Mohr von Venedig,
Statthalter von Zypern

Liebe **Eifersucht**

Giuseppe Verdi
* 9./10. Oktober 1813 in Le Roncole
† 27. Januar 1901 in Mailand

OTHELLO
Oper in vier Akten
Text: Arrigo Boito
nach W. Shakespeare
Uraufführung: Mailand, 05.02.1887
Dauer: ca. 2 Std. 15 Min.

Eine Hafenstadt auf Zypern, Ende des 15. Jahrhunderts

1. Akt:
Nach seinem Triumph über die Türken lenkt **Othello** sein Schiff durch den Sturm glücklich in den Hafen. Mit Spannung und Jubel wird er von der Bevölkerung begrüßt. Nur **Rodrigo**, der **Desdemona** vergebens liebt, und **Jago**, der bei der Beförderung von **Othello** übergangen wurde, spinnen eine Intrige. **Jago** macht **Othellos** Günstling **Cassio** betrunken. Dieser verwundet im Duell **Montano**. **Othello** beendet den Streit und degradiert **Cassio**. **Othello** zieht sich mit **Desdemona** zurück, um die Hochzeitsnacht zu verbringen.

2. Akt:
Jago drängt **Cassio**, **Desdemona** um Fürsprache bei **Othello** zu bitten. In **Othello** weckt er den Verdacht der Untreue seiner Frau. Als **Desdemona** sich für **Cassio** einsetzt, bricht der Zorn aus **Othello** heraus. **Desdemona** verliert ihr

Taschentuch, eine Liebesgabe **Othellos**. Ihre Gesellschafterin **Emilia** hebt es auf. Es wird ihr aber von **Jago**, ihrem Mann, entrissen. **Jago** versichert **Othello**, er habe das Taschentuch in **Cassios** Händen gesehen. **Othello** schwört Rache.

3. Akt:
Noch einmal versucht **Desdemona**, sich für **Cassio** einzusetzen. **Othello** verlangt, das Taschentuch zu sehen. Auf den Rat **Jagos** hin verbirgt sich **Othello**, um ein Gespräch zwischen diesem und **Cassio** zu belauschen. **Jago** bringt **Cassio** dazu, das Taschentuch vorzuzeigen, von dem er meint, dass es von einer Verehrerin stamme. **Othello** ist entschlossen die Schuldigen zu töten.
Trompeten kündigen das Schiff **Lodovicos**, des Gesandten aus Venedig, an. Dieser bringt die Nachricht, dass **Othello** nach Venedig zurückkehren könne, **Cassio** werde sein Nachfolger. **Jago** überzeugt **Rodrigo**, dass **Cassio** beseitigt werden müsse.

4. Akt:
In ihrem Schlafgemach betet **Desdemona** ihr Nachtgebet. **Othello** tritt durch eine Geheimtür ein. Trotz ihrer Unschuldsbeteuerungen erwürgt er seine Frau. Da bringt **Emilia** die Nachricht, dass **Cassio** **Rodrigo** getötet habe, als dieser ihn überfallen hatte. Entsetzt über die Tat **Othellos** enthüllt **Emilia** die Wahrheit über das Taschentuch und **Jagos** Intrige. **Othello** küsst seine Frau zum letzten Mal und ersticht sich.

Drebinger: Oper auf den Punkt gebracht
© Brigg Pädagogik Verlag GmbH, Augsburg

Drebinger: Oper auf den Punkt gebracht
© Brigg Pädagogik Verlag GmbH, Augsburg

Komponist/Titel	**Giuseppe Verdi: Othello**

Bildteil 1

Dramatische Kernaussage

„Es ist eine alte Geschichte …" – eine typische Dramensituation

Impuls zur Bilderstellung

„Was könnte diese Grafik symbolisch darstellen?" > Herz, das getrennt (geteilt, in das eingedrungen) wird; Liebesbeziehung, die zerstört wird; Paar, das von einer dritten Person getrennt wird.
„Kennst du Geschichten, in denen das passiert?" > *Fidelio; Tosca; Kabale und Liebe* etc.

Bildteil 2

Desdemona

Othello

Dramatische Kernaussage

Gegensätze ziehen sich an – ein ungewöhnliches Paar

Impuls zur Bilderstellung

„Lies die Inhaltsbeschreibung des 1. Aktes. Othello und Desdemona sind ein ungewöhnliches Paar; worin unterscheiden sie sich?"
> Hautfarbe, Herkunft, Gemüt …

Hörbeispiele zur Bilderstellung Textblatt

1. Akt, 1. Szene, Chor „Una vela! Una vela!" („Seht das Segel!"): „Erkläre die Bedeutung der Sturmszene für den Beginn der Oper!" > (a) Die Schlacht gegen die Türken lässt sich nicht unmittelbar auf der Opernbühne darstellen. Die Sieghaftigkeit und Tapferkeit Othellos zeigt sich im Triumph über den Sturm. (a) Es wird deutlich, wer für Othello und wer gegen ihn ist.
„Wie stellt Verdi die Sturmsituation musikalisch dar?" > Einzelne Ausrufe im Wechsel, einstimmiges Entsetzen und homophones Stoßgebet des Chores beim Beobachten des Schiffes im Sturm.
1. Akt, 3. Szene, Duett Othello, Desdemona „Già nella notte densa" („Nun in der nächt'gen Stille"): „Höre das Duett und lies den Text mit! Wie entwickelt sich diese Liebesszene?" > Als Dialog: Sie erzählen sich gegenseitig, was sie am anderen bewundern: Othellos Heldenmut und Desdemonas Mitleid mit den Armen in Othellos Heimat.

Giuseppe Verdi: Othello

Das Kussmotiv („Un bacio") mit den tremolierenden Streichern wiederholt der sterbende Othello am Ende der Oper.

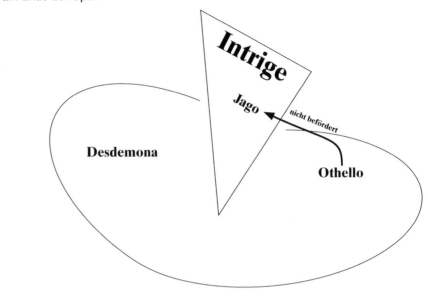

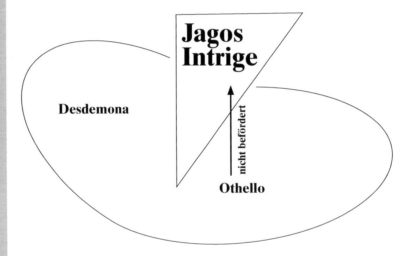

Das Credo an die Grausamkeit

„Warum spinnt Jago eine Intrige gegen Othello?" > Weil er von Othello bei der Beförderung übergangen wurde.

2. Akt, 2. Szene, Jago: „Vanne; la tua meta già vedo – Credo in un Dio crudel" („Geh nur! Ich kenn' dein Ziel – Ich glaub' an einen grausamen Gott"): „Wie bringt Jago seine Überzeugung zum Ausdruck? Vergleiche dieses Credo mit dem christlichen Glaubensbekenntnis und dem Text des Credos in der Messe!" > Jago geht wie in beiden religiösen Vorlagen vor (Vater, Sohn, Heiliger Geist, wendet aber alles zynisch in das Negative. Musikalisch wird er von verkündenden Posaunen im mächtigen Forte- und Unisonoklang unterstützt.

Drebinger: Oper auf den Punkt gebracht
© Brigg Pädagogik Verlag GmbH, Augsburg

Bildteil 4

Jagos Intrige

1. Cassio wird betrunken gemacht
2. Fürbitte für Cassio
3. Verdacht schüren
4. Das Taschentuch
5. Das belauschte Gespräch

Desdemona

Othello

Eifersucht

Dramatische Kernaussage

„Die Tropfen des Giftes" – die Schritte der Verschwörung

Impuls zur Bilderstellung
Arbeitsblatt: Aufgabe B)

„Lies den Rest der Inhaltsbeschreibung! Wie geht Jago bei seiner Intrige schrittweise vor? Trage die Schritte in die Grafik ein!" > (1) Er macht Cassio betrunken, (2) er provoziert den Konflikt mit Montano, (3) er beschwört Desdemona, für Cassio zu bitten, (4) er weckt in Othello den Verdacht der Untreue seiner Frau; (5) er nimmt das Taschentuch Desdemonas an sich und spielt es Cassio zu; (6) er lässt Othello ein von ihm inszeniertes Gespräch mit Cassio belauschen.

Bildteil 5

Intrige

Emilia
Rodrigo
Jago
Montano
Cassio

Desdemona

Othello

Eifersucht

Dramatische Kernaussage

Der geschickte Manipulator

Impuls zur Bilderstellung
Arbeitsblatt: Aufgabe C)

„Welcher Personen bedient sich Jago bei seinem Plan gegen Othello? Trage die Namen je nach ihrer Bedeutung in oder neben dem Dreieck ein!" > Rodrigo, der Desdemona liebt; Cassio als Objekt der Eifersucht; Montano, der in den Kampf mit Cassio verwickelt wird; Emilia, seine Frau, der er Desdemonas Taschentuch abnimmt; Desdemona, die völlig arglos ist und von Jago ohne Skrupel geopfert wird.

Giuseppe Verdi
OTHELLO

Jagos Intrige

1. _____

2. _____

3. _____

4. _____

5. _____

Othello

Lies die Inhaltsbeschreibung der Oper!

Aufgabe A)

Warum spinnt Jago eine Intrige gegen Othello?

_____

_____

Aufgabe B)

Wie geht Jago schrittweise vor? Trage die Schritte in die Grafik ein!

Aufgabe C)

Welcher Personen bedient Jago sich bei seinem Plan? Trage die Namen je nach ihrer Bedeutung in oder neben dem Dreieck ein!

Drebinger: Oper auf den Punkt gebracht
© Brigg Pädagogik Verlag GmbH, Augsburg

Drebinger: Oper auf den Punkt gebracht
© Brigg Pädagogik Verlag GmbH, Augsburg

ATTO I
3. Szena
OTELLO
Già nella notte densa
s'estingue ogni clamor.
Già il mio cor fremebondo
s'ammansa in quest'amplesso e si rinsensa.
Tuoni la guerra e s'inabissi il mondo
se dopo l'ira immensa
vien quest'immenso amor!

DESDEMONA
Mio superbo guerrier! Quanti tormenti,
quanti mesti sospiri e quanta speme
ci condusse ai soavi abbracciamenti!
Oh! Com'è dolce il mormorare insieme:
te ne rammenti!
Quando narravi l'esule tua vita
e i fieri eventi e i lunghi tuoi dolor,
ed io t'udia coll'anima rapita
in quei spaventi e coll'estasi in cor.

OTELLO
Pingea dell'armi il fremito, la pugna
e il vol gagliardo alla breccia mortal,
l'assalto, orribil edera, coll'ugna
al baluardo e il sibilante stral.

DESDEMONA
Poi mi guidavi ai fulgidi deserti,
all'arse arene, al tuo materno suol;
narravi allor gli spasimi sofferti
e le catene e dello schiavo il duol.

OTELLO
Ingentilia di lagrime la storia
il tuo bel viso e il labbro di sospir;
scendean sulle mie tenebre la gloria,
il paradiso e gli astri a benedir.

DESDEMONA
Ed io vedea fra le tue tempie oscure
splender del genio l'eterea beltà.

OTELLO
E tu m'amavi per le mie sventure
ed io t'amavo per la tua pietà.
Venga la morte! e mi colga nell'estasi
di quest'amplessoil momento supremo!
Tale è il gaudio dell'anima che temo,
temo che piu non mi sara concesso
quest'attimo divino
nell'ignoto avvenir del mio destino.

DESDEMONA
Disperda il ciel gli affanni
e amor non muti col mutar degli anni.

OTELLO
A questa tua preghiera
„Amen" risponda la celeste schiera.

DESDEMONA
„Amen" risponda.

AKT I
3. Szene
OTHELLO
Nun in der nächt'gen Stille
Verliert sich jeder Ton.
Das ist der Liebe Stunde,
In ihrem Arm entschläft der trotz'ge Wille.
Donn're die Schlacht, gehe die Welt zu Grunde,
Wenn nur von deinem Munde,
Dann winkt mein süßer Lohn!

DESDEMONA
Du, mein herrlicher Held! Ach wohl mit Qualen,
Mit verborgenem Seufzen, mit heißem Bangen
Muss mein ängstliches Herz sein Glück bezahlen!
Doch ist das Leid, hält mich dein Arm umfangen,
In Lust vergangen.
Wenn du erzählst von deinem wilden Leben,
Von fernen Fahrten und von Not und Streit,
Fühlt' ich beschwingt die Seele mir entschweben,
Und unter mir versanken Welt und Zeit.

OTHELLO
Die Schild' und Panzer ließ vor dir ich glänzen ...
Die Fahnen flattern, die Trompete klingt,
Voran fliegt uns der Sieg mit gold'nen Kränzen ...
Hinauf zum Wall! ... Der kühne Streich gelingt!

DESDEMONA
Du führtest mich in deiner Heimat Lande,
Wo weit im Sonnenbrand die Wüste schweigt.
Die Karawane liegt verweht vom Sande,
Und aus dem Dunst der blut'ge Vollmond steigt.

OTHELLO
Dein Tränenblick gab Seele jenen Schatten,
Dein Mitleid hauchte Glut den Toten ein,
Das Paradies erschloss sich deinem Gatten,
Und seine Stirn umstrahlt des Ruhmes Schein.

DESDEMONA
Da brannt' im dunkeln Antlitz dir ein Feuer,
Vor dem beschämt zurück die Schönheit wich.

OTHELLO
Du liebtest mich um meine Abenteuer,
Um deines Mitleids willen liebt' ich dich.
Komme der Tod nun! Geh nicht auf mehr, Sonne!
In diesem Augenblicke erfüllte sich mein Leben.
Mein übergroßes Glück macht mich erbeben,
Ich fürchte Götterneid und Schicksalstücke.
Die Zukunft liegt verschlossen,
Doch was es Höchstes gibt, hab' ich genossen.

DESDEMONA
O dass uns Gott bewahre!
Die Liebe wachse mit der Zahl der Jahre!

OTHELLO
Amen, sag' ich gerne,
Ihr hört uns, ew'ge Himmelssterne.

DESDEMONA
Amen, ihr Sterne!

OTELLO
Appoggiandosi ad un rialzo degli spaldi
Ah! La gioia m'innonda
si fieramente … che ansante mi giacio …
Un bacio …

DESDEMONA
Otello!

OTELLO
Un bacio … ancora un bacio,
alzandosi e mirando il cielo.
Gia la pleiade ardente al mar discende.

DESDEMONA
Tarda e la notte.

OTELLO
Vien … Venere splende.

2. Szena
JAGO *solo,*
Seguendo coll'occhio Cassio
Vanne; la tua meta già vedo.
Ti spinge il tuo dimone,
e il tuo dimon son io.
E me trascina il mio, nel quale io credo,
inesorato Iddio.
Allontanandosi dal verone seza più guardar Cassio che
sarà scomparso fra gli alberi.

Credo in un Dio crudel che m'ha creato
simile a sè e che nell'ira io nomo.
Dalla viltà d'un germe o d'un atòmo
vile son nato.
Son scellerato
perchè son uomo;
e sento il fango originario in me.
Sì! Questa è la mia fe'!
Credo con fermo cuor, siccome crede
la vedovella al tempio,
che il mal ch'io penso e che da me procede,
per il mio destino adempio.

Credo che il giusto è un istrion beffardo,
e nel viso e nel cuor,
che tutto è in lui bugiardo:
lagrima, bacio, sguardo,
sacrificio ed onor.
E credo l'uom gioco d'iniqua sorte
dal germe della culla
al verme dell'avel.
Vien dopo tanta irrision la Morte.
E poi? E poi? La Morte è il Nulla.
È vecchia fola il Ciel.

OTHELLO
Lehnt sich auf eine Erhöhung des Hafendammes
Ha, mir schwindelt es vor Wonne,
Mich überläuft's, es zittern meine Glieder …
O küsse mich!

DESDEMONA
Othello! …

OTHELLO
Küss mich wieder!
Blickt zum Sternenhimmel auf.
Schon wollen die Plejaden des Meeres Saum berühren.

DESDEMONA
Ja, spät zu Nacht ist's.

OTHELLO
Venus soll uns führen!

2. Szene
JAGO allein,
Cassio mit den Augen folgend
Geh nur! Ich kenn' dein Ziel.
Denn dich regiert dein Dämon,
Und der bin ich selber.
Mich reißt der meine fort, an den ich glaube,
Als meine furchtbare Gottheit.
Er verlässt den Erker, ohne weiter auf Cassio zu achten,
der zwischen den Gartenhecken verschwindet.

Ich glaub' an einen grausamen Gott, der mich
Zum Affen des eig'nen Selbst erzeugt.
Weh, dass ich's glaube! Aus faulem Keime,
Kot und Erdenstaube ward ich geschaffen. –
Treu diesem Gotte,
Mach' ich zum Spotte,
Was dreist mit Ehr' und Tugend brüstet sich.
Ja, also glaube ich.
Ich glaub' auch an den Sohn;
Den bösen Willen hat er
Vom Vater schon empfangen,
Und was er sich gelobt im Stillen,
Das wird er sicher auch erlangen.
Zum dritten glaub' ich an den Geist
Des Zweifels, der alles klar erkennt,
Und jeden Trug des Teufels:
Freundschaft, Liebe, Treue
Beim wahren Namen nennt.
Das ist mein Credo.
Wir sind des Zufalls Narren
Und tragen unser'n Sparren bis in das letzte Haus.
Uns allen gibt der Tod den bösen Nasenstüber,
Und dann? … Ist es vorüber,
Der dumme Spaß ist aus.

Drebinger: Oper auf den Punkt gebracht
© Brigg Pädagogik Verlag GmbH, Augsburg

Richard Wagner

Richard Wagner
TANNHÄUSER und der Sängerkrieg auf der Wartburg

WARTBURG

Hermann
Landgraf von Thüringen

Wettstreit:
„Könnt ihr der Liebe Wesen mir ergründen?"

Sinnlichkeit
„niedere Minne"

hehre Liebe
„hohe Minne"

Oheim   Nichte

Venus ◄─── **Tannhäuser** ───► **Elisabeth**
– Heinrich von Ofterdingen

Venusberg

MINNESÄNGER
Wolfram von Eschenbach
Walther von der Vogelweide
Biterolf
Heinrich der Schreiber
Reinmar der Zweter

Richard Wagner
* 22. Mai 1813 in Leipzig
† 13. Februar 1883 in Venedig

TANNHÄUSER und der Sängerkrieg auf der Wartburg
Romantische Oper in drei Aufzügen
Text: Richard Wagner
Uraufführung: Dresden 1845
Aufführungsdauer: ca. 3 Std. 15 Min.

Thüringen, Wartburg und Umgebung, zu Beginn des 13. Jahrhunderts

1. Akt:
Der Minnesänger **Heinrich von Ofterdingen**, genannt **Tannhäuser**, ist seines ausschweifenden Lebens im **Hörselberg**, dem Reich der **Venus**, überdrüssig. Er möchte wieder zurück zur Erde. Die Liebesgöttin **Venus** versucht ihn zurückzuhalten. **Tannhäuser** bittet die Jungfrau Maria um Hilfe und findet sich plötzlich vor einer Madonnenstatue im Tal am Fuße der **Wartburg** wieder. Bewegt von der Schönheit des Frühlings, dem Lied eines Hirten und den frommen Gesängen einer Pilgerschar versinkt **Tannhäuser** in ein reuevolles Gebet. Da stößt eine Jagdgesellschaft mit Landgraf **Hermann** an der Spitze auf ihn. Freudig lädt der Landgraf den Totgeglaubten auf die **Wartburg** ein. **Tannhäuser** lehnt zuerst ab. Doch als sein Freund **Wolfram von Eschenbach** erzählt, dass **Elisabeth**, die Nichte des Landgrafen, ihn vermisse, folgt er der Einladung.

2. Akt:
Während in der Sängerhalle **Tannhäuser** von **Elisabeth** liebevoll begrüßt wird, sieht **Wolfram**, der **Elisabeth** liebt, seine Hoffnung schwinden.

Auf dem Fest zu Ehren des Zurückgekehrten findet ein Sängerwettstreit statt. Landgraf **Hermann** stellt die Aufgabe: Die Sänger sollen das Wesen der Liebe ergründen. **Elisabeth** wird dem Sieger den Preis zuerkennen. Während die Minnesänger **Wolfram**, **Walther** und **Biterolf** das mittelalterliche Ideal der hohen, reinen Minne besingen, antwortet **Tannhäuser** mit einem Lobgesang auf den sinnlichen Genuss der Erotik. Als er gesteht, im Venusberg verweilt zu haben, wendet sich die Gesellschaft entsetzt von ihm ab. Die Ritter bedrängen ihn mit gezückten Schwertern, nur **Elisabeth** stellt sich vor ihn und bittet um Gnade. **Tannhäuser** wird ausgestoßen und zum Bußgang nach Rom verpflichtet.

3. Akt:
Als im Herbst die Pilger von Rom zurückkehren, wartet **Elisabeth** vergebens auf **Tannhäuser**. Sie betet zur Jungfrau Maria, ihr Leben als Sühne für seine Schuld zu nehmen. **Wolframs** Geleit lehnt sie dankend ab, als sie enttäuscht zur **Wartburg** zurückkehrt. In der Dunkelheit naht, gebrochen an Leib und Seele, **Tannhäuser**. Das Urteil des Papstes habe gelautet: Ebenso wie der Stab in seiner Hand keine grünen Blätter mehr hervorbringen könne, könne **Tannhäuser** auch nicht erlöst werden. Verbittert will **Tannhäuser** in den Venusberg zurückkehren und beschwört die Liebesgöttin herbei. Nach langem Ringen gelingt es **Wolfram**, den Spuk zu bannen, indem er den Namen **Elisabeths** nennt. In der Morgendämmerung wird der Leichnam **Elisabeths** ins Tal getragen. **Tannhäuser** stirbt an ihrer Bahre. Da bringen Pilger aus Rom einen Priesterstab mit grünen Trieben: **Tannhäuser** ist erlöst.

Bildteil 1

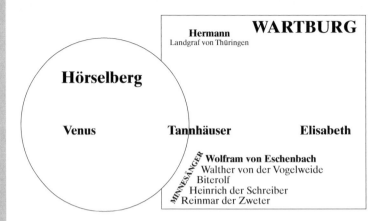

Dramatische Kernaussage

Historische Namen und ihre Bedeutungen

Impuls zur Bilderstellung
Arbeitsblatt: Aufgabe A), B)

„Informiere dich über die (A) Personen- und (B) Ortsnamen der Inhaltsbeschreibung und ihre historische oder mythische Bedeutung! Ergänze die fehlenden Namen im Arbeitsblatt!" (Ggf. als Referate oder als arbeitsteilige Internetrecherche).

> (A) Hermann I., Landgraf von Thüringen: von 1190 bis 1217, + Gotha 1217, Förderer der Minnesänger.

> Heinrich von Ofterdingen, genannt Tannhäuser: sagenhafte Figur im Gedicht *„Sängerkrieg auf der Wartburg"*, laut Text von Walther und Wolfram besiegt worden (2. Hälfte des 13. Jh., mittelhochdeutsch, zwei unbekannte Verfasser).

> Walther von der Vogelweide: * um 1170, + 1230 wahrscheinlich Würzburg, bedeutendster dt. Lyriker des MA, Ausbildung am Hofe in Wien, im Dienst Philipps von Schwaben.

> Wolfram von Eschenbach: * um 1170, * um 1220, Dichter des „Parzival" (auf Burg Wildenberg).

> Biterolf: Dichter des 13. Jh.s, Existenz nicht klar belegt.

> Elisabeth von Thüringen: * Pressburg 1207, + Marburg 1231, ungarische Königstochter, auf der Wartburg erzogen, mit Ludwig von Thüringen, Sohn des Landgrafen Hermann, kurz verheiratet, nach dessen Tod Keuschheit, Mildtätigkeit, 1235 heilig gesprochen.

> Venus: römische Göttin des erotischen Verlangens und der Schönheit.

> (B) Wartburg: 1067 von Ludwig dem Springer gegründet; ehemalige Burg der Landgrafen von Thüringen, südöstlich von Eisenach, ältester Teil von 1180, Wohnsitz der hl. Elisabeth, wahrscheinlich 1207 Austragungsort des „Sängerkrieges". Geschichtliche Bedeutung: s. Luther; Goethe; Wartburgfest etc.

> Hörselberg: Bergzug am rechten Ufer der Hörsel, östlich von Eisenach.

Hörbeispiele zur Bilderstellung

Ggf. mittelalterliche Musik (der Spielleute, Troubadours, Trouvéres, Minnesänger); ggf. auch gregorianischer Choral im Vergleich zu Wagners Pilgerchor *(1. Akt, 3. Szene „Zu dir wall' ich, mein Jesus Christ"* > Schlichter homophoner, choralartiger Satz; keine Anlehnung an den mittelalterlichen gregorianischen Gesang).

Bildteil 2

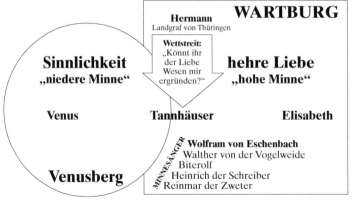

Dramatische Kernaussage

„Könnt ihr der Liebe Wesen mir ergründen?"

Drebinger: Oper auf den Punkt gebracht
© Brigg Pädagogik Verlag GmbH, Augsburg

Impuls zur Bilderstellung
Arbeitsblatt: Aufgabe C), D)

C) „Was kann der Begriff Liebe alles bedeuten?" > Sex, Erotik, Sinnlichkeit, Lust <> Zuneigung, Nächstenliebe, Fürsorge, Agape, Begeisterung für etwas etc.
D) „Was waren die Minnelieder ursprünglich? Wie veränderte sich die Gattung teilweise?" > Lyrik der ritterlich-höfischen Kultur, 2. Hälfte des 12. Jh., Dichter, Komponist und Sänger in Personalunion singen über die unerfüllte Liebe zur hohen unerreichbaren Frau oder zur Gottesmutter; im Laufe der Zeit wurde diese „Hohe Minne" durch Lieder zur „Niederen Minne" (sinnlichen Liebe) erweitert.

Hörbeispiele zur Bilderstellung
Textblatt

2. Akt; 4. Szene, Landgraf „Gar viel und schön ward hier in dieser Halle" bis: Elisabeth „Haltet ein!": „Wie entwickelt sich der Konflikt szenisch und musikalisch?" > Deklamatorisch, festliche „Ansprache" des Landgrafen als orchesterbegleitetes und – kommentiertes Rezitativ; Fanfare und „Heil"-Chor; Marsch und Ankündigung der Edelknaben; Wolframs *„Blick ich umher in diesem edlen Kreise":* scheinbar frei improvisierend, ruhige würdevolle Streicher und Harfenarpeggien als Begleitung; f-Bestätigung der Ritter und Frauen; Tannhäuser lässt sich zu schnellerem, leidenschaftlicherem Lob der Liebeswonne hinreißen; Walter wieder gesetzter mit Harfenbegleitung; f-Bestätigung der Ritter und Frauen; Durchblitzen des Venusmotivs; Tannhäuser nach fließender Zusage an den Gesang Walthers wendet sich wieder der sinnlichen Liebe zu; Biterolf bezichtigt Walther des Hochmuts und der Lästerung; Bestätigung Biterolf durch die Ritter und Frauen; Tannhäuser schmäht Biterolf: Sein Leben sei ohne Genuss; die Ritter bedrängen Tannhäuser; Wolfram rettet die Situation mit dem weniger zurückhaltenden Lob an die hohe Liebe; Tannhäuser lässt sich ereifern, das der Venus gewidmete Loblied *„Dir, Göttin der Liebe"* anzustimmen (= Melodie von „Dir töne Lob" oder „Stets soll nur dir").

Bildteil 3

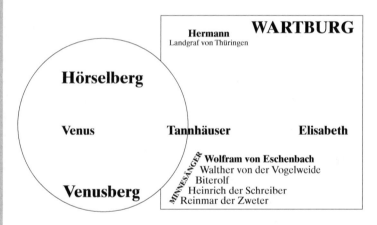

Dramatische Kernaussage

„Kann denn Liebe Sünde sein?" – Personencharakteristik und -symbolik

Impuls zur Bilderstellung

„Tannhäuser ist zwischen zwei Frauen und zwischen zwei Welten hin- und hergerissen – erkläre diese Situation aus mittelalterlicher und aus heutiger Sicht."
> Im Mittelalter ist die Fleischeslust (von der Kirche) noch stärker geächtet als heute. Auch ohne die Tabus des Mittelalters besteht eine Diskrepanz zwischen Trieb und fürsorglicher Liebe (Natur < > Kultur; Egoismus < > Altruismus; Triebbefriedigung < > Familienplanung; Reiz des Neuen < > Alltagspflichten etc.).

Hörbeispiele zur Bilderstellung

Venus: *1. Akt, 2. Szene, „Geliebter, komm! Sieh dort die Grotte."* > Verführerisches Schmeicheln mit „umsäuselnder" Solovioline wechselt mit leidenschaftlicher Entrüstung.
Elisabeth: *3. Akt, 1. Szene, „Allmächt'ge Jungfrau, hör mein Flehen!"* > Inbrünstiges Flehen über orgelartigen Bläserakkorden; ff beginnend, dann immer mehr ins p zurückgenommen; bei „in tör'gem Wahn" etwas bewegter auch in Harmonie und Satzweise.
Tannhäuser: *1. Akt, 2. Szene, „Stets soll nur dir, nur dir mein Lied ertönen!"* > Kräftiges, leidenschaftliches Loblied zum Abschied (im Wechsel mit den Ausbrüchen der Venus).
Wolfram: *3. Akt, 2. Szene, „Wie Todesahnung Dämm'rung deckt die Lande"* > Frei mit eingestreuten Harfenarpeggien; verklärtes Violinentremolo bei „Da scheinest du". „O, du mein holder Abendstern" > Ruhige, weltabgewandte Melodie auf langem Atem zur gleichmäßig geschlagenen Harfe; Celli nehmen die Melodie auf bei *„vom Herzen, das sie nie verriet"* und wiederholen sie als Nachspiel.

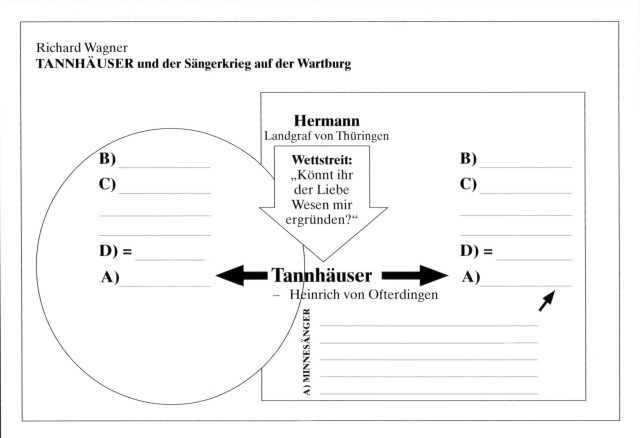

Richard Wagner
TANNHÄUSER und der Sängerkrieg auf der Wartburg

Hermann
Landgraf von Thüringen

Wettstreit:
„Könnt ihr der Liebe Wesen mir ergründen?"

B) _____
C) _____

B) _____
C) _____

D) = _____
A) _____

D) = _____
A) _____

Tannhäuser
– Heinrich von Ofterdingen

A) MINNESÄNGER

Aufgabe A), B)

Informiere dich über die (A) Personen- und (B) Ortsnamen der Inhaltsbeschreibung und ihre historische oder mythische Bedeutung! Ergänze die fehlenden Namen in der Grafik und die Informationen in der Tabelle!

Name/Ort	Hist. Daten	Historische Bedeutung
Hermann		Landgraf von Thüringen
Heinrich von Ofterdingen		genannt Tannhäuser

Aufgabe C)

Welche verschiedenen Bedeutungen kann der Begriff „Liebe" haben? Ordne die einzelnen Begriffe in zwei Spalten dem Kreis oder dem Rechteck zu!

Aufgabe D)

Was waren die Minnelieder ursprünglich? Wie veränderte sich die Gattung teilweise? Ordne oben zu!

Drebinger: Oper auf den Punkt gebracht
© Brigg Pädagogik Verlag GmbH, Augsburg

AKT II
4. Szene

DER LANDGRAF
erhebt sich

Gar viel und schön ward hier in dieser Halle
von euch, ihr lieben Sänger, schon gesungen;
in weisen Rätseln wie in heit'ren Liedern
erfreutet ihr gleich sinnig unser Herz. –
Wenn unser Schwert in blutig ernsten Kämpfen
stritt für des deutschen Reiches Majestät,
wenn wir dem grimmen Welfen widerstanden
und dem verderbenvollen Zwiespalt wehrten:
So ward' von euch nicht mind'rer Preis errungen.
Der Anmut und der holden Sitte,
der Tugend und dem reinen Glauben
erstrittet ihr durch eure Kunst
gar hohen, herrlich schönen Sieg. –
Bereitet heute uns denn auch ein Fest,
heut', wo der kühne Sänger uns zurück-
gekehrt, den wir so ungern lang' vermissten.
Was wieder ihn in uns're Nähe brachte,
ein wunderbar Geheimnis dünkt es mich;
durch Liedes Kunst sollt ihr es uns enthüllen,
deshalb stell' ich die Frage jetzt an euch:
Könnt ihr der Liebe Wesen mir ergründen?
Wer es vermag, wer sie am würdigsten
besingt, dem reich' Elisabeth den Preis:
Er ford're ihn so hoch und kühn er wolle,
ich sorge, dass sie ihn gewähren solle. –
Auf, liebe Sänger! Greifet in die Saiten!
Die Aufgab' ist gestellt, kämpft um den Preis,
und nehmet all im Voraus uns'ren Dank!

Trompeten

CHOR
der Ritter und Edelfrauen
Heil! Heil! Thüringens Fürsten Heil!
Der holden Kunst Beschützer Heil!

Alle setzen sich. Vier Edelknaben treten vor, sammeln in einem goldenen Becher von jedem der Sänger seinen auf ein Blättchen geschriebenen Namen ein und reichen ihn Elisabeth, welche eines der Blättchen heraus- zieht und es den Edelknaben reicht. Diese, nachdem sie den Namen gelesen, treten feierlich in die Mitte und rufen:

VIER EDELKNABEN
Wolfram von Eschenbach, beginne!

Tannhäuser stützt sich auf seine Harfe und scheint sich in Träumereien zu verlieren. Wolfram erhebt sich.

WOLFRAM
Blick' ich umher in diesem edlen Kreise,
welch hoher Anblick macht mein Herz erglühn!
So viel der Helden, tapfer, deutsch und weise –
ein stolzer Eichwald, herrlich, frisch und grün.
Und hold und tugendsam erblick' ich Frauen,
lieblicher Blüten düftereichsten Kranz.
Es wird der Blick wohl trunken mir vom Schauen,
mein Lied verstummt vor solcher Anmut Glanz.

Da blick' ich auf zu einem nur der Sterne,
der an dem Himmel, der mich blendet, steht:
Es sammelt sich mein Geist aus jener Ferne,
andächtig sinkt die Seele im Gebet.
Und sieh! Mir zeiget sich ein Wunderbronnen,
in den mein Geist voll hohen Staunens blickt:
Aus ihm er schöpfet gnadenreiche Wonnen,
durch die mein Herz er namenlos erquickt.
Und nimmer möcht' ich diesen Bronnen trüben,
berühren nicht den Quell mit frevlem Mut:
In Anbetung möcht' ich mich opfernd üben,
vergießen froh mein letztes Herzensblut. –
Ihr Edlen mögt in diesen Worten lesen,
wie ich erkenn' der Liebe reinstes Wesen!

DIE RITTER UND FRAUEN
in beifälliger Bewegung
So ist's! So ist's! Gepriesen sei dein Lied!

TANNHÄUSER
der gegen das Ende von Wolframs Gesang wie aus dem Traume auffuhr, erhebt sich schnell.
Auch ich darf mich so glücklich nennen
zu schaun, was, Wolfram, du geschaut!
Wer sollte nicht den Bronnen kennen?
Hör, seine Tugend preis' ich laut! –
Doch ohne Sehnsucht heiß zu fühlen
ich seinem Quell nicht nahen kann:
Des Durstes Brennen muss ich kühlen,
getrost leg' ich die Lippen an.
In vollen Zügen trink' ich Wonnen,
in die kein Zagen je sich mischt:
Denn unversiegbar ist der Bronnen,
wie mein Verlangen nie erlischt.
So, dass mein Sehnen ewig brenne,
lab' an dem Quell ich ewig mich
und wisse, Wolfram, so erkenne
der Liebe wahrstes Wesen ich!

Elisabeth macht eine Bewegung, ihren Beifall zu bezeigen; da aber alle Zuhörer in ernstem Schweigen verharren, hält sie sich schüchtern zurück.

WALTHER VON DER VOGELWEIDE
erhebt sich
Den Bronnen, den uns Wolfram nannte,
ihn schaut auch meines Geistes Licht;
doch, der in Durst für ihn entbrannte,
du, Heinrich, kennst ihn wahrlich nicht.
Lass dir denn sagen, lass dich lehren:
Der Bronnen ist die Tugend wahr.
Du sollst in Inbrunst ihn verehren
und opfern seinem holden Klar.
Legst du an seinen Quell die Lippen,
zu kühlen frevle Leidenschaft,
ja, wolltest du am Rand nur nippen,
wich' ewig ihm die Wunderkraft!
Willst du Erquickung aus dem Bronnen haben,
musst du dein Herz, nicht deinen Gaumen laben.

Die ZUHÖRER
in lautem Beifall
Heil, Walther! Preis sei deinem Liede!

Drebinger: Oper auf den Punkt gebracht
© Brigg Pädagogik Verlag GmbH, Augsburg

TANNHÄUSER
sich heftig erhebend
O Walther, der du also sangest,
du hast die Liebe arg entstellt!
Wenn du in solchem Schmachten bangest,
versiegte wahrlich wohl die Welt.
Zu Gottes Preis in hoch erhab'ne Fernen,
blickt auf zum Himmel, blickt zu seinen Sternen!
Anbetung solchen Wundern zollt,
da ihr sie nicht begreifen sollt!
Doch was sich der Berührung beuget,
euch Herz und Sinnen nahe liegt,
was sich, aus gleichem Stoff erzeuget,
in weicher Formung an euch schmiegt
dem ziemt Genuss in freud'gem Triebe,
und im Genuss nur kenn' ich Liebe!

Große Aufregung unter den Zuhörern.

BITEROLF
sich mit Ungestüm erhebend
Heraus zum Kampfe mit uns allen!
Wer bliebe ruhig, hört er dich?
Wird deinem Hochmut es gefallen,
so höre, Läst'rer, nun auch mich!
Wenn mich begeistert hohe Liebe,
stählt sie die Waffen mir mit Mut;
dass ewig ungeschmäht sie bliebe,
vergöss' ich stolz mein letztes Blut.
Für Frauenehr' und hohe Tugend
als Ritter kämpf' ich mit dem Schwert;
doch, was Genuss beut' deiner Jugend,
ist wohlfeil, keines Streiches wert.

Die ZUHÖRER
in tobendem Beifall
Heil, Biterolf! Hier unser Schwert!

TANNHÄUSER
in stets zunehmender Hitze aufspringend
Ha, tör'ger Prahler, Biterolf!
Singst du von Liebe, grimmer Wolf?
Gewisslich hast du nicht gemeint,
was mir genießenswert erscheint.
Was hast du Ärmster wohl genossen?
Dein Leben war nicht liebereich,
und was von Freuden dir entsprossen,
das galt wohl wahrlich keinen Streich!

Zunehmende Aufregung unter den Zuhörern

RITTER
von verschiedenen Seiten
Lasst ihn nicht enden! – Wehret seiner Kühnheit!

LANDGRAF
zu Biterolf, der nach dem Schwerte greift
Zurück das Schwert! Ihr Sänger, haltet Frieden!

WOLFRAM
*erhebt sich in edler Entrüstung. Bei seinem Beginn tritt
sogleich die größte Ruhe wieder ein.*
O Himmel, lass dich jetzt erflehen,
gib meinem Lied der Weihe Preis!

Gebannt lass mich die Sünde sehen
aus diesem edlen, reinen Kreis!
Dir, hohe Liebe, töne
begeistert mein Gesang,
die mir in Engels-Schöne
tief in die Seele drang!
Du nahst als Gottgesandte,
ich folg' aus holder Fern',
so führst du in die Lande,
wo ewig strahlt dein Stern.

TANNHÄUSER
in höchster Verzückung
Dir, Göttin der Liebe, soll mein Lied ertönen!
Gesungen laut sei jetzt dein Preis von mir!
Dein süßer Reiz ist Quelle alles Schönen,
und jedes holde Wunder stammt von dir.
Wer dich mit Glut in seinen Arm geschlossen,
was Liebe ist, kennt er, nur er allein: –
Armsel'ge, die ihr Liebe nie genossen,
zieht hin, zieht in den Berg der Venus ein!
Allgemeiner Aufbruch und Entsetzen

ALLE
Ha, der Verruchte! Fliehet ihn!
Hört es! Er war im Venusberg!

Die EDELFRAUEN
Hinweg! Hinweg aus seiner Näh'!

*Sie entfernen sich in größter Bestürzung unter Gebär-
den des Abscheus. Nur Elisabeth, welche dem Verlaufe
des Streites in furchtbar wachsender Angst zuhörte,
bleibt von den Frauen allein zurück, bleich, mit dem
größten Aufwand ihrer Kraft an einer der hölzernen
Säulen des Baldachins sich aufrechterhaltend. Der
Landgraf, alle Ritter und Sänger haben ihre Sitze verlassen und treten zusammen. Tannhäuser zur äußersten
Linken verbleibt noch eine Zeitlang wie in Verzückung.*

LANDGRAF, RITTER und SÄNGER
Ihr habt's gehört! Sein frevler Mund
tat das Bekenntnis schrecklich kund.
Er hat der Hölle Lust geteilt,
im Venusberg hat er geweilt! –
Entsetzlich! Scheußlich! Fluchenswert!
In seinem Blute netzt das Schwert!
Zum Höllenpfuhl zurückgesandt,
sei er gefemt, sei er gebannt!

*Alle stürzen mit entblößten Schwertern auf Tannhäuser
ein, welcher eine trotzige Stellung einnimmt. Elisabeth
wirft sich mit einem herzzerreißenden Schrei dazwischen und deckt Tannhäuser mit ihrem Leibe.*

ELISABETH
Haltet ein! –

Drehinger: Oper auf den Punkt gebracht
© Brigg Pädagogik Verlag GmbH, Augsburg

Richard Wagner

Richard Wagner
LOHENGRIN

**Heinrich
der Vogler**
deutscher König

Heerrufer

**GOTTES-
GERICHT**

der Bruder

Ortrud
Heidin, aus dem
Geschlecht der
Friesenfürsten

(Gottfried)
(junger Herzog von Brabant)

Geschwister

**Elsa
von Brabant**
Waise des Herzogs von Brabant,
junges Mädchen

Anklage

**Friedrich
von Telramund**
brabantischer Graf

**der Schwan
= das Reine**

der Held

der böse Mann

Lohengrin
Gralsritter

Drebinger: Oper auf den Punkt gebracht
© Brigg Pädagogik Verlag GmbH, Augsburg

Richard Wagner
* 22. Mai 1813 in Leipzig
† 13. Februar 1883 in Venedig

LOHENGRIN
Romantische Oper in drei Aufzügen
Text: Richard Wagner
Uraufführung: Weimar 1850
Dauer: ca. 4 Std.

Antwerpen, erste Hälfte des 10. Jahrhunderts

1. Akt:
König Heinrich I. ist nach Antwerpen gekommen, um den Heerbann gegen die Ungarn auszurufen. Der **Heerrufer** verkündet, dass der König bei dieser Gelegenheit Gericht halten wird über **Elsa**, die Tochter des verstorbenen Herzogs von Brabant. Graf **Friedrich von Telramund** klagt das junge Mädchen des Mordes an ihrem Bruder **Gottfried** an. Da Beweise fehlen, ordnet **König Heinrich** ein Gottesgericht an: Ein Zweikampf zwischen Graf **Telramund** und einem Ritter, der für **Elsa** streiten soll, wird über Schuld oder Unschuld entscheiden. Doch kein brabantischer Edler tritt für **Elsa** ein. Da naht ein **Unbekannter (Lohengrin)** in einem von einem weißen Schwan gezogenen Kahn. Der Ritter, von dem **Elsa** geträumt hat, will für sie streiten unter der Bedingung, dass sie nie nach seinem Namen fragen dürfe. Er besiegt **Telramund** im Zweikampf, schenkt ihm aber das Leben.

2. Akt:
In der Burg stachelt **Ortrud**, **Telramunds** Frau, ihren Gemahl erneut gegen **Elsa** auf. Sie selbst erschleicht sich **Elsas** Vertrauen und schürt ihren Argwohn ob der unbekannten Herkunft ihres Bräutigams. Am nächsten Morgen schreitet **Elsa** mit den Hofdamen zur Trauung. Da versperrt ihr **Ortrud** den Weg. Auch **Telramund** fordert den Namen des unbekannten „Schützers von Brabant". Dieser antwortet, er sei nur **Elsa** Rechenschaft schuldig. Die Adligen bestätigen dem Bräutigam ihr Vertrauen – **Elsa** zweifelt, fragt aber nicht und schreitet zur Trauung.

3. Akt:
Am Abend sind **Elsa** und ihr „namenloser Ritter" allein. **Elsas** Neugier ist stärker als ihre Liebe – sie stellt die verbotene Frage. In diesem Moment stürzt **Telramund** mit gezücktem Schwert ins Brautgemach. Der **Schwanenritter** streckt ihn nieder und lässt seine Leiche vor **König Heinrich** bringen. Dort will er auch **Elsas** Frage beantworten. Zu Tagesanbruch richten sich **König Heinrich** und die Seinen zum Krieg. Doch der unbekannte Ritter wird nicht mit ihnen ziehen, er muss nun die Frage beantworten: Er sei der Sohn Parsivals, wie sein Vater ein Gralsritter, sein Name sei **Lohengrin**. **Ortrud** triumphiert: Sie habe **Gottfried** in einen Schwan verwandelt. **Lohengrin** müsse jetzt gehen und **Gottfried** sei für immer verloren. **Lohengrin** sinkt betend in die Knie. Da erscheint eine Taube, der **Schwan** verwandelt sich zurück in **Gottfried**. **Ortrud** bricht mit einem Schrei zusammen. **Elsa** sinkt tot in die Arme ihres Bruders. **Lohengrin** entschwindet im von der Taube gezogenen Kahn.

Bildteil 1

Dramatische Kernaussage

Das Gottesgericht – allzu menschlich

Impuls zur Bilderstellung

„Lies die Inhaltsangabe des 1. Aktes! Informiere dich über die historischen Hintergründe und Personen der Geschichte!" (Ggf. Referat)
> Heinrich I.: (* 876; + 936 in Memleben) aus dem Geschlecht der Liudolfinger, seit 912 Herzog der Sachsen und von 919 bis 936 König des Ostfrankenreichs, ab 926 zehnjähriger Waffenstillstand mit Ungarn; vor Ablauf des Waffenstillstands besiegte er die Ungarn 933 in der Schlacht bei Riade.
> Gottfried: nicht klar zuzuordnen;
> Elsa, Telramund und Ortrud: fiktive Figuren;
> Lohengrin: fiktive Figur aus dem Parzival von Wolfram von Eschenbach.

„Was hat es mit einem *Gottesurteil* auf sich? Welche Formen sind bekannt?" (Ggf. Referat)
> Schuld oder Unschuld wird durch ein angenommenes Zeichen Gottes bewiesen (der Unschuldige wird von Gott beschützt); Arten: Feuerurteil (über glühende Kohlen gehen), Wasserurteil (trotz Fesselung oben schwimmen), Probebissen (vergiftete Speise überleben), Kampfurteil (Zweikampf); 1215 vom 4. Laterankonzil verboten.

„Diskutiere Formen der Rechtsherstellung und der Rechtssprechung gestern und heute, im ‚finsteren' Mittelalter und in einer aufgeklärten Gesellschaft!"
> Persönliche Rechtsempfindung vs. „Iustitia non calculat"; Individualrecht und Sozialrecht; Strafrecht und Zivilrecht; Sicherheit und Sühne etc.

Hörbeispiele zur Bilderstellung Textblatt

1. Akt, 1. Szene, Heerrufer „Hört! Grafen, Edle, Freie von Brabant!" und König Heinrich *„Gott grüß' euch, liebe Männer von Brabant!"* > Fanfaren; König Heinrich verkündet den Heerbann gegen Ungarn.

Bildteil 2

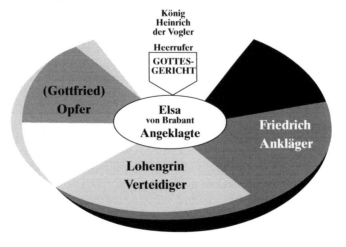

Dramatische Kernaussage

Elsa und die Männer: Gottfried (das Opfer), Friedrich von Telramund (der Ankläger), Lohengrin (der Verteidiger und Held)

Drebinger: Oper auf den Punkt gebracht
© Brigg Pädagogik Verlag GmbH, Augsburg

Komponist/Titel	**Richard Wagner: Lohengrin**

Impuls zur Bilderstellung Arbeitsblatt: Aufgabe A)

„Trage die männlichen Figuren und ihre Funktionen im Prozess gegen Elsa in das Arbeitsblatt ein!" > S. o.

Hörbeispiele zur Bilderstellung

1. Akt, 1. Szene, Telramunds Anklage „Dank, König, dir, dass du zu richten kamst!"
> Bedeutender Unisonoeinstieg der Streicher.
1. Akt, 2. Szene, Elsas Traum „Einsam in trüben Tagen" > Verträumt über Holzbläserklängen, sich nicht verteidigend.
1. Akt, 3. Szene, Lohengrin „Nun sei bedankt, mein lieber Schwan!" > Hohe „verklärte" Streicher, überirdische Stimmung, wechselnd mit festlichem Verkündigungscharakter und Signalmotiven; erstaunter murmelnder Chor der Männer und Frauen.

Bildteil 3

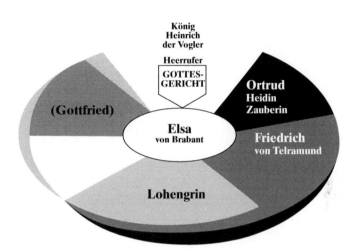

Dramatische Kernaussage

Dahinter steckt eine Frau

Impuls zur Bilderstellung Arbeitsblatt: Aufgabe B)

„Lies den Inhalt des 2. Aktes! Welche Funktion nimmt Ortrud in dieser Männergesellschaft ein?" > Fadenzieherin im Hintergrund; Intrigantin; falsch; Außenseiterin (Tochter eines Friesenfürsten = andere Herkunft; andere/keine Religion = Heidin).

Hörbeispiele zur Bilderstellung Textblatt

2. Akt, 1. Szene, Telramund und Ortrud „Erhebe dich, Genossin meiner Schmach!"
> Anklage an Ortrud als Anstifterin.
2. Akt, 2. Szene, Ortrud „Entweihte Götter! Helft jetzt meiner Rache!"> Ausbruch, bevor sie Elsas Vertrauen erschleicht.

Bildteil 4

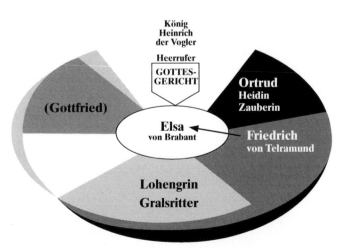

Dramatische Kernaussage

„Nie sollst du mich befragen"

Impuls zur Bilderstellung

„Lies die Inhaltsbeschreibung des 3. Aktes! Wer und was waren die Gralsritter? Forsche nach!" (Ggf. Referat) > Sagenhafte Ritterrunde um König Artus, die ins heilige Land zog, um den Gral zu suchen (Gral = magischer Stein oder Gefäß, das Christus beim Abendmahl verwendet hatte und in dem Joseph von Arimathäa das Blut Christi am Kreuz auffing). In Wagners Parsifal ist Amfortas der sündig gewordene Gralskönig, der von Parsifal abgelöst wird. Lohengrin ist Parsifals Sohn. Nach der Sage haben sich die Ritter der Keuschheit verschrieben. Grund für Lohengrins Abreise, nachdem seine Herkunft bekannt geworden ist.

Hörbeispiele zur Bilderstellung
Textblatt

3. Akt, 3. Szene, Lohengrins Gralserzählung „In fernem Land, unnahbar euren Schritten"
> „Verklärte", flirrende Streichertremoli, stehende Holzbläserklänge („Sphärenmusik") begleiten den Vortrag; im Verlauf durch tiefere Instrumentierung feierlicher und würdevoller werdend.

Bildteil 5

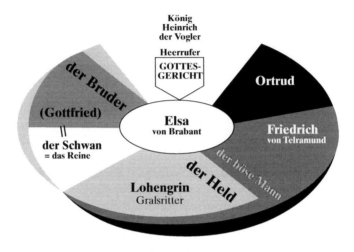

Dramatische Kernaussage

… und alles nur ein Traum? Der Traum eines pubertierenden Mädchens?!
Was „Frau" sich unter „Mann" vorstellt: den Bruder, den „bösen Mann", den Helden und ihre Symbolik

Impuls zur Bilderstellung
Arbeitsblatt: Aufgabe C)

„Stelle dir vor, die ganze Geschichte war nur ein Traum eines jungen pubertierenden Mädchens. Wie lässt sich diese These begründen?"
> Märchen, sagenhafter Inhalt: elternlos, Zauberei etc.; Tod der Elsa = Erwachen.

„Wie könnten die männlichen Traumfiguren gedeutet werden?"
> Im Kindesalter hat das andere Geschlecht noch keine subjektive sexuelle Bedeutung; das Verhältnis zum Bruder ist asexuell (die Reinheit symbolisiert auch seine Verwandlung als Schwan); der Bruder ist jedoch plötzlich verschwunden (nicht mehr Elsas Konzept des anderen Geschlechts); das pubertierende Mädchen empfindet in ihrer erwachenden Sexualität das andere Geschlecht als etwas Bedrohliches (Telramund = „Der böse Mann"), fühlt sich aber gleichzeitig zu einer idealisierten, überhöhten reinen Form dieses anderen Geschlechts (Lohengrin) hingezogen. Das Bild des Helden lässt sich jedoch nicht lange halten: Als sie es (er)fassen will und nach dem Namen fragt, zerplatzt das Traumgebilde und der ganze Traum ist (mit ihr) gestorben; der Bruder ist wieder da (und war wohl niemals real weg). Auch der in der Realität von Elsa als bedrohlich empfundene Friedrich von Telramund wird wohl noch unter den Lebenden weilen und nicht dem „Traummann" zum Opfer gefallen sein.

„Und passt Ortrud in diesen Traum?"
> Sie ist die dunkelste Macht; sie ist die Rivalin, die mit dem Erwachen der Sexualität wahrgenommen wird (vgl. böse Stiefmutter in Schneewittchen).

Drebinger: Oper auf den Punkt gebracht
© Brigg Pädagogik Verlag GmbH, Augsburg

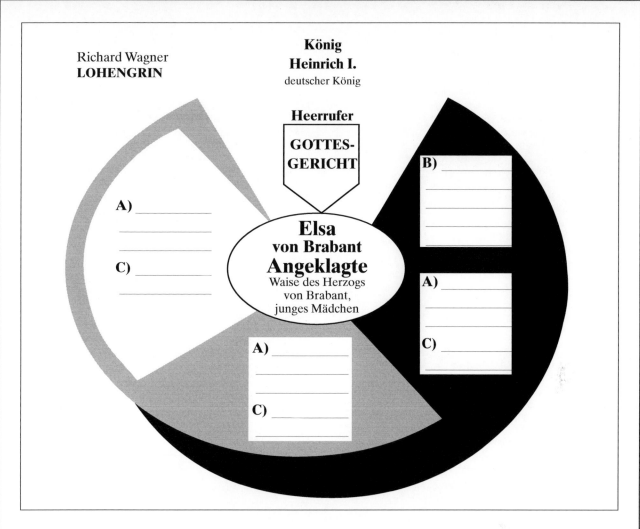

Aufgabe A)

Trage die männlichen Figuren und ihre Funktionen im Prozess gegen Elsa in die Grafik ein! Überlege, in welche Felder sie gehören!

Aufgabe B)

Welche Funktion nimmt Ortrud in dieser Männergesellschaft ein? Trage Stichpunkte oben ein!

Aufgabe C)

Wofür stehen die drei männlichen Figuren und der Schwan in der Sage, in Elsas Phantasie, in einem Traum? Trage jeweils einen übergeordneten Begriff in die Grafik ein und notiere weitere Assoziationen zu den „Traumfiguren" in der Tabelle!

Schwan	Gottfried	Lohengrin	Graf Friedrich von Telramund

AKT I, 1. Szene

KÖNIG HEINRICH *erhebt sich*
Gott grüß' euch, liebe Männer von Brabant!
Nicht müßig tat zu euch ich diese Fahrt!
Der Not des Reiches seid von mir gemahnt!
Soll ich euch erst der Drangsal Kunde sagen,
die deutsches Land so oft aus Osten traf?
In fernster Mark hießt Weib und Kind ihr beten:
„Herr Gott, bewahr uns vor der Ungarn Wut!"
Doch mir, des Reiches Haupt, musst' es geziemen,
solch wilder Schmach ein Ende zu ersinnen;
als Kampfes Preis gewann ich Frieden auf
neun Jahr – ihn nützt' ich zu des Reiches Wehr;
beschirmte Städt' und Burgen ließ ich bau'n,
den Heerbann übte ich zum Widerstand.
Zu End' ist nun die Frist, der Zins versagt –
mit wildem Drohen rüstet sich der Feind.
Nun ist es Zeit, des Reiches Ehr' zu wahren;
ob Ost, ob West, das gelte allen gleich!
Was deutsches Land heißt, stelle Kampfesscharen,
dann schmäht wohl niemand mehr das Deutsche
Reich!

DIE SACHSEN UND THÜRINGER
Wohlauf! Mit Gott für Deutschen Reiches Ehr!

KÖNIG HEINRICH *hat sich wieder gesetzt*
Komm' ich zu euch nun, Männer von Brabant,
zur Heeresfolg' nach Mainz euch zu entbieten,
wie muss mit Schmerz und Klagen ich erseh'n,
dass ohne Fürsten ihr in Zwietracht lebt!
Verwirrung, wilde Fehde wird mir kund;
drum ruf ich dich, Friedrich von Telramund!
Ich kenne dich als aller Tugend Preis,
jetzt rede, dass der Drangsal Grund ich weiß.

FRIEDRICH
Dank, König, dir, dass du zu richten kamst!
Die Wahrheit künd' ich, Untreu' ist mir fremd.
Zum Sterben kam der Herzog von Brabant,
und meinem Schutz empfahl er seine Kinder,
Elsa, die Jungfrau, und Gottfried, den Knaben;
mit Treue pflog ich seiner großen Jugend,
sein Leben war das Kleinod meiner Ehre.
Ermiss nun, König, meinen grimmen Schmerz,
als meiner Ehre Kleinod mir geraubt!
Lustwandelnd führte Elsa den Knaben einst
zum Wald, doch ohne ihn kehrte sie zurück;
mit falscher Sorge frug sie nach dem Bruder,
da sie, von ungefähr von ihm verirrt,
bald seine Spur – so sprach sie – nicht mehr fand.
Fruchtlos war all Bemüh'n um den Verlor'nen;
als ich mit Drohen nun in Elsa drang,
da ließ in bleichem Zagen und Erbeben
der grässlichen Schuld Bekenntnis sie uns seh'n.
Es fasste mich Entsetzen vor der Magd;
dem Recht auf ihre Hand, vom Vater mir
verlieh'n, entsagt' ich willig da und gern
und nahm ein Weib, das meinem Sinn gefiel:
Er stellt Ortrud vor, die sich vor dem König verneigt.
Ortrud, Radbods, des Friesenfürsten Spross.
Er schreitet feierlich einige Schritte vor.
Nun führ' ich Klage wider Elsa von
Brabant; des Brudermordes zeih' ich sie.
Dies Land doch sprech' ich für mich an mit Recht,
da ich der Nächste von des Herzogs Blut,
mein Weib dazu aus dem Geschlecht, das einst
auch diesen Landen seine Fürsten gab.
Du hörst die Klage, König! Richte recht!

AKT I, 2. Szene

ELSA *in ruhiger Verklärung vor sich hinblickend*
Einsam in trüben Tagen
hab' ich zu Gott gefleht,
des Herzens tiefstes Klagen
ergoss ich im Gebet.
Da drang aus meinem Stöhnen
ein Laut so klagevoll,
der zu gewalt'gem Tönen
weit in die Lüfte schwoll:
Ich hört' ihn fernhin hallen,
bis kaum mein Ohr er traf;
mein Aug' ist zugefallen,
ich sank in süßen Schlaf.

ALLE MÄNNER
Wie sonderbar! Träumt sie? Ist sie entrückt?

KÖNIG HEINRICH
Elsa, verteid'ge dich vor dem Gericht!

ELSA
In Lichter Waffen Scheine
ein Ritter nahte da,
so tugendlicher Reine
ich keinen noch ersah:
Ein golden Horn zur Hüften,
gelehnet auf sein Schwert –
so trat er aus den Lüften
zu mir, der Recke wert;
mit züchtigem Gebaren
gab Tröstung er mir ein;
des Ritters will ich wahren,
er soll mein Streiter sein!

AKT I, 3. Szene

LOHENGRIN *neigt sich zum Schwan*
Nun sei bedankt, mein lieber Schwan!
Zieh durch die weite Flut zurück,
dahin, woher mich trug dein Kahn,
kehr wieder nur zu uns'rem Glück!
Drum sei getreu dein Dienst getan!
Leb wohl, leb wohl, mein lieber Schwan!

DIE MÄNNER UND FRAUEN
Wie fasst uns selig süßes Grauen! …

LOHENGRIN *verneigt sich vor dem König*
Heil, König Heinrich! Segenvoll
mög' Gott bei deinem Schwerte steh'n!
Ruhmreich und groß dein Name soll
von dieser Erde nie vergeh'n!

KÖNIG HEINRICH
Hab Dank! Erkenn' ich recht die Macht …

LOHENGRIN
Zum Kampf für eine Magd zu steh'n,
der schwere Klage angetan,
bin ich gesandt. Nun lasst mich seh'n,
ob ich zu Recht sie treffe an.
So sprich denn, Elsa von Brabant:
Wenn ich zum Streiter dir ernannt,
willst du wohl ohne Bang' und Grau'n
dich meinem Schutze anvertrau'n?

ELSA
Mein Held, mein Retter! Nimm mich hin;
dir geb' ich alles, was ich bin!

LOHENGRIN
Wenn ich im Kampfe für dich siege,
willst du, dass ich dein Gatte sei?

Drebinger: Oper auf den Punkt gebracht
© Brigg Pädagogik Verlag GmbH, Augsburg

ELSA
Wie ich zu deinen Füßen liege,
geb' ich dir Leib und Seele frei.

LOHENGRIN
Elsa, soll ich dein Gatte heißen,
soll Land und Leut' ich schirmen dir,
soll nichts mich wieder von dir reißen,
musst eines du geloben mir:
Nie sollst du mich befragen,
noch Wissens Sorge tragen,
woher ich kam der Fahrt,
noch wie mein Nam' und Art!

ELSA *fast bewusstlos*
Nie, Herr, soll mir die Frage kommen!

LOHENGRIN
Elsa! Hast du mich wohl vernommen?
Nie sollst du mich befragen,
noch Wissens Sorge tragen,
woher ich kam der Fahrt,
noch wie mein Nam' und Art!

ELSA
mit großer Innigkeit zu ihm aufblickend
Mein Schirm! Mein Engel! Mein Erlöser,
der fest an meine Unschuld glaubt!
Wie gäb' es Zweifels Schuld, die größer,
als die an dich den Glauben raubt?
Wie du mich schirmst in meiner Not,
so halt' in Treu' ich dein Gebot!

LOHENGRIN
Elsa! Ich liebe dich!

Die MÄNNER UND FRAUEN
Welch holde Wunder muss ich sehen? …

LOHENGRIN
Nun hört! Euch, Volk und Edlen, mach' ich kund:
Frei aller Schuld ist Elsa von Brabant!
Dass falsch dein Klagen, Graf von Telramund,
durch Gottes Urteil werd' es dir bekannt!

AKT II, 1. Szene
FRIEDRICH *erhebt sich rasch*
Erhebe dich, Genossin meiner Schmach!
Der junge Tag darf hier uns nicht mehr seh'n.

ORTRUD *ohne ihre Stellung zu ändern*
Ich kann nicht fort, hierher bin ich gebannt.
Aus diesem Glanz des Festes uns'rer Feinde
lass saugen mich ein furchtbar tödlich Gift,
das uns're Schmach und ihre Freuden ende!

FRIEDRICH *finster vor Ortrud hintretend*
Du fürchterliches Weib, was bannt mich noch
in deine Nähe? Warum lass ich dich nicht
allein und fliehe fort, dahin, dahin,
wo mein Gewissen Ruhe wieder fänd'!
Durch dich musst' ich verlieren
mein' Ehr, all meinen Ruhm;
nie soll mich Lob mehr zieren,
Schmach ist mein Heldentum!
Die Acht ist mir gesprochen,
zertrümmert liegt mein Schwert,
mein Wappen ward zerbrochen,
verflucht mein Vaterherd!
Wohin ich nun mich wende,
geflohn, gefemt bin ich;
dass ihn mein Blick nicht schände,
flieht selbst der Räuber mich!
Durch dich musst' ich verlieren usw.

O hätt' ich Tod erkoren, da ich so elend bin!
Mein Ehr' hab' ich verloren,
mein Ehr', mein Ehr' ist hin!

ORTRUD
Was macht dich in so wilder Klage doch vergeh'n?

FRIEDRICH
Dass mir die Waffe selbst geraubt,
mit der ich dich erschlüg'!

ORTRUD
Friedreicher Graf von Telramund!
Weshalb misstraust du mir?

FRIEDRICH
Du fragst? War's nicht dein Zeugnis, deine Kunde,
die mich bestrickt, die Reine zu verklagen?
Die du im düst'ren Wald zu Haus', log'st du
mir nicht, von deinem wilden Schlosse aus
die Untat habest du verüben seh'n
mit eig'nem Aug', wie Elsa selbst den Bruder
im Weiher dort ertränkt? Umstricktest du
mein stolzes Herz durch die Weissagung nicht,
bald würde Radbods alter Fürstenstamm
von neuem grünen und herrschen in Brabant?
Bewogst du so mich nicht, von Elsas Hand,
der Reinen, abzusteh'n und dich zum Weib
zu nehmen, weil du Radbods letzter Spross?

AKT II, 2. Szene
ORTRUD
Entweihte Götter! Helft jetzt meiner Rache!
Bestraft die Schmach, die hier euch angetan!
Stärkt mich im Dienste eurer heil'gen Sache!
Vernichtet der Abtrünn'gen schnöden Wahn!
Wodan! Dich Starken rufe ich!
Freia! Erhab'ne, höre mich!
Segnet mir Trug und Heuchelei,
dass glücklich meine Rache sei!

AKT III, 3. Szene
LOHENGRIN
in feierlicher Verklärung vor sich herblickend
In fernem Land, unnahbar euren Schritten,
liegt eine Burg, die Montsalvat genannt;
ein lichter Tempel stehet dort inmitten,
so kostbar, als auf Erden nichts bekannt;
drin ein Gefäß von wundertät'gem Segen
wird dort als höchstes Heiligtum bewacht:
Es ward, dass sein der Menschen reinste pflegen,
herab von einer Engelschar gebracht;
alljährlich naht vom Himmel eine Taube,
um neu zu stärken seine Wunderkraft:
Es heißt der Gral, und selig reinster Glaube
erteilt durch ihn sich seiner Ritterschaft.
Wer nun dem Gral zu dienen ist erkoren,
den rüstet er mit überird'scher Macht;
an dem ist jedes Bösen Trug verloren,
wenn ihn er sieht, weicht dem des Todes Nacht.
Selbst wer von ihm in ferne Land' entsendet,
zum Streiter für der Tugend Recht ernannt,
dem wird nicht seine heil'ge Kraft entwendet,
bleibt als sein Ritter dort er unerkannt.
So hehrer Art doch ist des Grales Segen,
enthüllt – muss er des Laien Auge fliehn;
des Ritters drum sollt Zweifel ihr nicht hegen,
erkennt ihr ihn – dann muss er von euch zieh'n.
Nun hört, wie ich verbot'ner Frage lohne!
Vom Gral ward ich zu euch daher gesandt:
Mein Vater Parzival trägt seine Krone,
sein Ritter, ich – bin Lohengrin genannt.

Drebinger: Oper auf den Punkt gebracht
© Brigg Pädagogik Verlag GmbH, Augsburg

Carl Maria von Weber

Carl Maria von Weber
DER FREISCHÜTZ

das GUTE

der Eremit
Ottokar
Fürst
Kuno
Erbförster

Kilian
Bauer, Gewinner
des Übungsschießens

Brautmädchen

Ännchen

beschützt

Agathe
Kunos Tochter

PROBESCHIESSEN
um die Erbförsterei
und Agathes Hand

verspottet

Jäger

Max
erster Forstgeselle

„gieße Freikugeln"

Kaspar
zweiter Forstgeselle

das BÖSE

Samiel

Carl Maria von Weber
*18./19. November 1786 in Eutin
† 5. Juni 1826 in London

DER FREISCHÜTZ
Oper in drei Akten
Text von Johann Friedrich Kind
Uraufführung: Berlin 1821
Aufführungsdauer: 2 Std. 30 Min.

*Böhmen, kurz nach Beendigung des Dreißigjährigen
Krieges*

1. Akt:
Der Jägerbursche **Max** schießt bei einem Wettschießen
sogar schlechter als der Bauer **Kilian**. Erbförster **Kuno** will
ihm aber die Hand seiner Tochter **Agathe** und die Erbförsterei nur überlassen, wenn ihm am nächsten Tag der
traditionelle Probeschuss gelingt. Der zweite Jägerbursche
Kaspar, der mit **Samiel**, dem „Schwarzen Jäger", im Bund
steht, lässt **Max** seine Flinte ausprobieren und überredet
ihn, mit ihm in der Wolfsschlucht Freikugeln zu gießen, die
jedes Ziel treffen.

2. Akt:
Agathe erwartet **Max** im Försterhaus mit düsteren Vorahnungen. **Max** verlässt sie gleich wieder, um sich auf den

Weg in die Wolfschlucht zu machen. **Kaspar** ist bereits vor
ihm dort, um seinen Pakt mit **Samiel**, dem Teufel, um drei
Jahre zu verlängern. **Samiel** fordert dafür ein Opfer und
stellt die Bedingung, dass er die letzte der sieben Freikugeln lenken könne, wie er wolle.
Max erreicht die Wolfsschlucht und der höllische Spuk des
Kugelgießens beginnt.

3. Akt:
Bei der Jagd unter Anwesenheit des **Fürsten Ottokar** ver-
schießt **Max** sechs Kugeln. Es bleibt ihm nur noch die
siebte Kugel für das Probeschießen.
Agathe wird von **Ännchen** und den Brautmädchen als
Braut geschmückt. Als die Schachtel mit dem Brautkranz
geöffnet wird, liegt darin jedoch eine Totenkrone. Schnell
wird ein neuer Kranz aus geweihten Rosen, die **Agathe** von
einem **Eremiten** bekommen hat, geflochten.
Max soll beim Probeschießen eine weiße Taube treffen.
Samiel hat die siebte Kugel jedoch für **Agathe** bestimmt.
Diese ist durch die geweihten Rosen geschützt; die Kugel
trifft **Kaspar**. Der Frevel des Teufelspaktes wird offenkun-
dig. **Fürst Ottokar** will **Max** des Landes verweisen. Der
Eremit erwirkt jedoch eine Bewährungsstrafe von einem
Jahr und die Abschaffung des unseligen Probeschießens.

Drebinger: Oper auf den Punkt gebracht
© Brigg Pädagogik Verlag GmbH, Augsburg

Bildteil 1

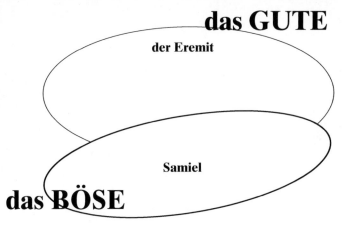

Dramatische Kernaussage

Ein romantisches Bild: der lichte Wald – der dunkle Wald

Impuls zur Bilderstellung

„Der romantische Mensch identifiziert sich mit der unberührten Natur: Schönheit und Klarheit der Schöpfung, aber auch Undurchschaubarem, Dunklem. In vielen Märchen werden die Ängste vor dem dunklen Wald beschrieben – nenne und beschreibe einige Beispiele!" > Hänsel und Gretel, Rotkäppchen, Schneewittchen etc.

Hörbeispiele zur Bilderstellung

Ouvertüre: „Höre den Adagio-Teil der Ouvertüre und beschreibe, wie man die Musik als Waldszenen oder Gemütsregungen interpretieren könnte!" > T. 1–8: drohendes Unisono (*p<f*); beruhigende Abwärtsfigur (2x); liedhafte, getragene Melodie in zweistimmigen Hörnern im *pp*, dann selbstbewusster im *mf* (der helle, freundliche Wald; das heitere Gemüt). T. 25 *ff* Stimmungswechsel: Unheil ankündigende verminderte Akkorde im Tremolo der hohen Streicher, Pauken- und Bassklopfen im *pp*, wiederholt klagendes Cellomotiv (*es-d-c-c*); Wechsel nach Moll und Steigerung zum *ff*; dann Zurücksinken, aber nicht vollkommene Entspannung auf der Dominante von *c-Moll*; kurzes Atemholen; dann im *Molto vivace* das Ausbrechen der Verzweiflung (vgl. Motiv über *„Mich fasst Verzweiflung, foltert Spott"* aus: Nr. 3 Arie des Max „Durch die Wälder durch die Auen")

Bildteil 2

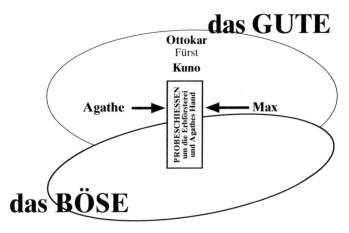

Dramatische Kernaussage

Die Ehe ein Geschäft – die Liebe ohne Chance

Impuls zur Bilderstellung
Textblatt

„Lies die Dialoge des zweiten Auftritts im 1. Akt mit verteilten Rollen! Warum ist die Zukunft von Max in Gefahr?" > Max muss den Probeschuss bestehen, um Erbförster werden und Agathe heiraten zu können. „Kennst du ähnliche Bedingungen in der heutigen Zeit?" > Zwangsehen; „gute Partien".

Drebinger: Oper auf den Punkt gebracht
© Brigg Pädagogik Verlag GmbH, Augsburg

Carl Maria von Weber: Der Freischütz

Bildteil 3

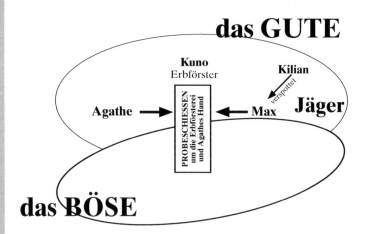

Dramatische Kernaussage

Die Gesellschaft hat kein Mitleid mit Verlierern

Hörbeispiele zur Bilderstellung

Nr. 1 Introduktion Bauernmarsch, Kilian und Chor der Bauern. „Der Bauer Kilian hat beim Schützenfest besser geschossen als der Jäger Max. Deswegen macht er sich über ihn lustig. Wie verspotten er und die anderen Bauern Max?" > Max soll den Hut vor dem Schützenkönig ziehen. Das provozierende *„He, he, he?"* von Kilian wird vom Chor als spöttisches Meckern in Form von Tonrepetitionen aufgenommen, eine Sekunde als Dissonanz darüber gelegt und bis zum Ton f gesteigert.

Bildteil 4

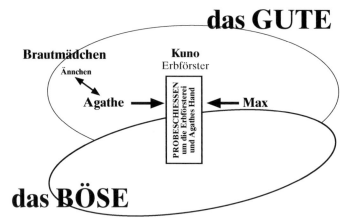

Dramatische Kernaussage

Versagensängste, schlimme Ahnungen, böses Omen

Impuls zur Bilderstellung Textblatt

„Agathe und Max werden von Ängsten geplagt. Lies die Inhaltsbeschreibung und den Dialog Agathe – Ännchen (2. Akt, 1. Auftritt, ggf. mit verteilten Rollen) und erkläre, um welche Art von Ängsten es sich handelt und wodurch diese Ängste entstehen!" > Max: Versagensangst, da die letzten Versuche misslungen sind. Agathe: böse Vorahnungen, da das Bild von der Wand fiel und der Eremit von einer drohenden Gefahr sprach.

Hörbeispiele zur Bilderstellung Arbeitsblatt: Aufgabe (Textblatt)

„Max und Agathe geben jeder in einer Szene ihren Gefühlen Ausdruck. Höre beide an und beschreibe den Aufbau!" (Vgl. Aufgabenstellung Arbeitsblatt)
Akt I, 4. Auftritt Arie des Max: „Nein, nicht länger trag' ich diese Qualen" >
(2) Accompagnato Rezitativ (vom Orchester begleiteter und kommentierter Sprechgesang) = *(d) Ausdruck von Verzweiflung*
(3) Lied (Form: A-B-A) = *(c) Erinnerung an gute Zeiten*
(5) Accompagnato Rezitativ (Streichertremolo mit Paukenschlägen) = *(a) drohendes Unheil*
(1) Arioso (arienhafter kurzer Teil) = *(e) Gedanken an Agathe*
(4) Finale (feurig schnell; gestaute Akkorde; herabstürzende Läufe; *p < f*) = *(b) hemmungsloser Ausbruch der Verzweiflung (Höhepunkt: „Lebt kein Gott")*

Akt II, 2. Auftritt, Nr. 8, Szene und Arie der Agathe „Wie nahte mir der Schlummer" > (3) Secco Rezitativ (Sprechgesang nur mit „trockenen" Akkorden begleitet = *(g) kummervolles Warten*

(5) Lied = *(a) Gebet*
(3) Secco Rezitativ = *(c) Naturbeobachtung, dunkle Wolken, drohendes Unheil*
(5) Lied = *(a) Gebet*
(2) Arioso (bewegte Streicherbegleitung) = *(d) Rauschen der Bäume; innere Unruhe*
(4) Secco und accompagnato Rezitativ abwechselnd = *(e) Beobachtung und Gefühls-wallung*
(1) Arie (kunstvoller, virtuoser Gesang) = *(b) „feuriger" Überschwang der Freude*

Bildteil 5

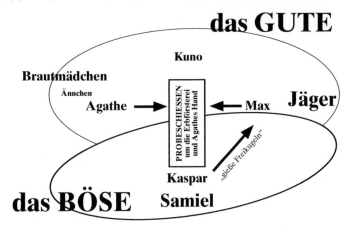

Dramatische Kernaussage

„Don't crush under pressure!" oder „No future" führt leicht auf die schiefe Bahn

Impuls zur Bilderstellung

„Wie gerät Max schrittweise in den Bann des Bösen?" > Notsituation – falscher „Freund" – Lösungsangebot – Gefahrenmilieu.
„Vergleiche die Situation mit Situationen aus dem heutigen Leben!"

Hörbeispiele zur Bilderstellung

Akt II, 6. Auftritt, ggf. erst ab Melodram (Kugelguss): „Während Kaspar eine Freikugel nach der anderen gießt, geschehen im Wald immer unheimlichere Dinge. Ordne die Geschehnisse in die richtige Reihenfolge!" (Ggf. Einzelkarten mit den Ereignissen ohne Nummern beschriften; durcheinander an die Tafel heften; an der Tafel ordnen.) > 1. Waldvögel flattern auf – 2. Ein schwarzer Eber bricht durch das Gebüsch – 3. Ein Sturm biegt die Bäume – 4. Reiter kommen näher – 5. Es ist das wilde Geisterheer – 6. Gewitter bricht aus, Flammen schlagen aus der Erde.

Bildteil 6

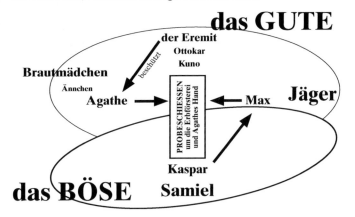

Dramatische Kernaussage

Wenn du glaubst, es geht nicht mehr, kommt in der Oper der „Deus ex machina" her

Impuls zur Bilderstellung

„Im Barock wurde am Ende einer Oper oft ein Gott mit der Bühnentechnik herabge-lassen, der den Verlauf der dramatischen Handlung zum Guten wendete. Inwiefern erscheint der Eremit wie ein ‚Deus ex machina'?" > Er tritt zum ersten Mal am Ende der Oper direkt in Erscheinung; er hat Autorität, die selbst der Fürst anerkennt; er schlägt ein moralisch sauberes Ende vor (Strafe zur Bewährung ausgesetzt; Abschaffung des unmenschlichen Probeschusses).

Hörbeispiele zur Bilderstellung

Ggf. Nr. 16 Finale, Chor „Schaut, oh schaut"

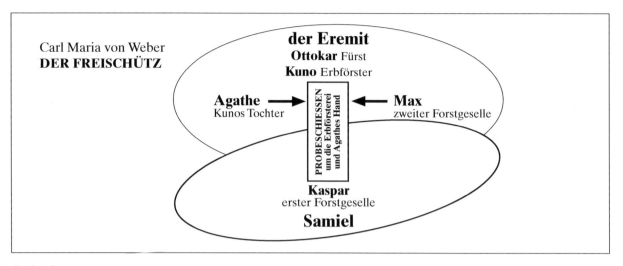

Aufgabe

Höre die Szenen und Arien von Max und Agathe genau an; in ihnen reiht Carl Maria von Weber verschiedene Gesangsformen nahtlos aneinander, um jeweils etwas Bestimmtes auszudrücken. Ordne die folgenden Begriffe für Gesangsform und Ausdruck in richtiger Reihenfolge in die Spalten ein (Abkürzungen oder Ziffern und Buchstaben)!

Max	Agathe
Gesangsform: 1. Arioso (arienhafter kurzer Teil) 2. Accompagnato Rezitativ (= vom Orchester begleiteter und kommentierter Sprechgesang) 3. Lied (Form: A-B-A') 4. Finale (feurig schnell; gestaute Akkorde; herabstürzende Läufe; p < f) 5. Accompagnato Rezitativ (mit Streichertremolo und Paukenschlägen) **Ausdruck:** a. Drohendes Unheil b. Hemmungsloser Ausbruch der Verzweiflung c. Erinnerung an gute Zeiten d. Ausdruck von Verzweiflung e. Gedanken an Agathe	**Gesangsform:** 1. Arie (= kunstvoller, virtuoser Gesang) 2. Arioso (mit bewegter Streicherbegleitung) 3. Secco Rezitativ (= Sprechgesang nur mit „trockenen" Akkorden begleitet); 2 x 4. Secco und Accompagnato Rezitativ abwechselnd 5. Lied 2 x **Ausdruck:** a. Gebet 2 x b. Überschwang der Freude c. Naturbeobachtung, dunkle Wolken, drohendes Unheil d. Rauschen der Bäume; innere Unruhe e. Beobachtung und Gefühlswallung f. Kummervolles Warten

Gesangsform	Ausdruck	Gesangsform	Ausdruck
2. Acc. Rezitattiv	d. Ausdruck von Verzweiflung	3. Secco Reziativ	f. Kummervolles Warten

Drebinger: Oper auf den Punkt gebracht
© Brigg Pädagogik Verlag GmbH, Augsburg

AKT I, 2. Auftritt

KUNO
Was gibt's hier? Pfui, dreißig über einen!
Wer untersteht sich, meinen Burschen anzutasten?

KILIAN *von Max losgelassen, aber noch furchtsam*
Alles in Güte und Liebe, werter Herr Erbförster, gar
nicht böse gemeint! Es ist Herkommen bei uns, dass,
wer stets gefehlt hat, vom Königsschuss ausgeschlos-
sen und dann ein wenig gehänselt wird – alles in Güte
und Liebe.

KUNO *heftig*
Stets gefehlt? Wer? Wer hat das?

KILIAN
Es ist freilich arg, wenn der Bauer einmal über den
Jäger kommt – aber fragt ihn nur selbst.

MAX *beschämt und verzweifelnd*
Ich kann's nicht leugnen; ich habe nie getroffen.

KASPAR *für sich*
Dank, Samiel!

KUNO
Max! Max! Ist's möglich? Du, sonst der beste Schütze
weit und breit! Seit vier Wochen hast du keine Feder
nach Hause gebracht, und auch jetzt – ? Pfui der
Schande!

KASPAR
Glaube mir, Kamerad, es ist, wie ich gesagt habe:
Es hat dir jemand einen Weidmann gesetzt, und den
musst du lösen, oder du triffst keine Klaue.

KUNO
Possen!

KASPAR
Das meine ich eben, so etwas ist leicht gemacht; lass
dir raten, Kamerad! Geh am nächsten Freitag auf einen
Kreuzweg, zieh mit dem Ladestock oder einem bluti-
gen Degen einen Kreis um dich und rufe dreimal den
großen Jäger. –

KILIAN
Gott bewahr' uns! Einen von des Teufels Heerscharen!

KUNO
Schweig, vorlauter Bube! Ich kenne dich längst. Du
bist ein Tagedieb, ein Schlemmer, ein falscher Würfler –
hüte dich, dass ich nicht noch Ärgeres von dir denke.
*Kaspar macht eine kriechende Bewegung, als wolle er
sich entschuldigen.*
Kein Wort, oder du hast auf der Stelle den Abschied!
Aber auch du, Max, sieh dich vor! Ich bin dir wie ein
Vater gewogen; es freut mich, dass der Herr Fürst Soh-
nesrecht auf den Eidam übertragen will, aber, wenn du
morgen beim Probeschuss fehltest, müsst' ich dir doch
das Mädchen versagen. Wollt ihr in der Irre herumlau-
fen?

MAX
Morgen! Morgen schon!

EINIGE JÄGER
Was ist das eigentlich mit dem Probeschuss? Schon
oft haben wir davon gehört.

KILIAN
Ja, auch wir. Aber noch hat uns niemand die rechte
Bewandtnis zu sagen gewusst.

ANDERE JÄGER
O erzählt's uns, Herr Kuno!

KUNO
Meinetwegen! Zum Hoflager kommen wir noch zeitig
genug.
Mein Urältervater, der noch im Forsthause abgebildet
steht, hieß Kuno, wie ich, und war fürstlicher Leibschütz. Einst trieben die Hunde einen Hirsch heran,
auf dem ein Mensch angeschmiedet war – so bestrafte
man in alten Zeiten die Waldfrevler. Dieser Anblick
erregte das Mitleid des damaligen Fürsten. Er versprach demjenigen, welcher den Hirsch erlege, ohne
den Missetäter zu verwunden, eine Erbförsterei und
zur Wohnung das nah gelegene Waldschlösschen. Der
wackere Leibschütz, mehr aus eigenem Erbarmen als
wegen der großen Verheißung, besann sich nicht lange.
Er legte an und befahl die Kugel den heiligen Engeln.
Der Hirsch stürzte, und der Wilddieb war, obwohl im
Gesicht vom Dorngebüsch derb zerkratzt, doch im
Übrigen unversehrt.

DIE WEIBER
Gott sei Dank! Der arme Wildschütz!

DIE MÄNNER
Brav, brav! Das war ein Meisterschuss!

KASPAR
Oder ein Glücksfall, wenn nicht vielleicht gar –

MAX
Ich möchte der Kuno gewesen sein!
Er starrt zu Boden und versinkt in sich selbst.

KUNO
Auch mein Urvater freute sich sehr über die Rettung
des Unglücklichen, und der Fürst erfüllte in allem seine
Zusage.

KILIAN
So? Also davon schreibt sich der Probeschuss her,
Nachbarn und Freunde! Nun weiß man's doch auch!

KUNO
Hört noch das Ende! Es ging damals wie jetzt, mit
einem Blick auf Kaspar dass der böse Feind immer
Unkraut unter den Weizen säet. Kunos Neider wuss-
ten es an den Fürsten zu bringen, der Schuss sei mit
Zauberei geschehen, Kuno habe nicht gezielt, sondern
eine Freikugel geladen.

KASPAR
Dacht' ich's doch! *Für sich:* Hilf zu, Samiel!

KILIAN *zu einigen Bauern*
Eine Freikugel? Das sind Schlingen des bösen Fein-

Drebinger: Oper auf den Punkt gebracht
© Brigg Pädagogik Verlag GmbH, Augsburg

des; meine Großmutter hat mir's einmal erklärt. Sechse treffen, aber die siebente gehört dem Bösen; der kann sie hinführen, wohin's ihm beliebt.

KASPAR
Alfanzerei! Nichts als Naturkräfte!

KUNO
Aus diesem Grunde machte der Fürst bei der Stiftung den Zusatz: „Dass jeder von Kunos Nachfolgern zuvor einen Probeschuss ablege, schwer oder leicht, wie es der regierende Fürst oder sein Abgeordneter anzubefehlen geruht." Auch will es das Herkommen, dass der junge Förster an demselben Tag mit seiner Erwählten getraut wird, die aber völlig unbescholten sein und im jungfräulichen Ehrenkränzlein erscheinen muss. Doch genug nun!
Zu den Jägern, die mit ihm gekommen:
Wir wollen uns wieder auf den Weg machen! Du aber, Max, magst noch einmal zu Hause nachsehen, ob sämtliche Treibleute angelangt sind. Nimm dich zusammen! Der Weidmann, der dir gesetzt ist, mag die Liebe sein. Noch vor Sonnenaufgang erwarte ich dich beim Hoflager.

AKT II, 1. Auftritt
ÄNNCHEN *Sie besieht sich das Bild.*
So! Nun wird der Altvater wohl wieder ein Jahrhundertchen festhängen. Da oben mag ich ihn recht gern leiden! *Zu Agathe gekehrt:*
Aber du hast das Tuch schon abgebunden? Das Blut ist doch völlig gestillt?

AGATHE
Sei ohne Sorgen, liebes Ännchen! Der Schreck war das Schlimmste! – Wo nur Max bleibt?

ÄNNCHEN
Nun kommt er gewiss bald. Herr Kuno sagte ja bestimmt, dass er ihn noch einmal heimsenden werde.

AGATHE
Es ist recht still und einsam hier.

ÄNNCHEN
Unangenehm ist's freilich, in einem solchen verwünschten Schloss am Polterabend fast mutterseelenallein zu sein, zumal wenn sich so ehrwürdige, längst vermoderte Herrschaften mir nichts, dir nichts, von den Wänden herabbemühen. Da lob' ich mir die lebendigen und jungen!

Nr. 7 – Ariette
ÄNNCHEN *mit lebhafter Pantomime*
Kommt ein schlanker Bursch gegangen ...

ÄNNCHEN
So recht! So gefällst du mir, Agathe! So bist du doch, wie ich sein werde, wichtig, wenn ich einmal Braut bin.

AGATHE
Wer weiß! Doch ich gönne dir's von Herzen, ist auch mein Brautstand nicht ganz kummerlos. Besonders seit ich heute von dem Eremiten zurückkam, hat mir's wie

ein Stein auf dem Herzen gelegen. Jetzt fühle ich mich um vieles leichter.

ÄNNCHEN
Wieso? Erzähle doch! Noch weiß ich gar nicht, wie dein Besuch abgelaufen ist, außer dass dir der fromme Greis diese geweihten Rosen geschenkt hat.

AGATHE
Er warnte mich vor einer unbekannten großen Gefahr, welche ihm ein Gesicht offenbart habe. Nun ist seine Warnung ja in Erfüllung gegangen. Das herabstürzende Bild konnte mich töten!

ÄNNCHEN
Gut erklärt! So muss man böse Vorbedeutungen nehmen! Mein Vater war einst ein tapferer Degen und sehr unzufrieden, dass ich's nicht auch werden konnte. Er meinte, man müsse die Furcht nur verspotten, dann fliehe sie, und das wahre Sprüchlein, sich festzumachen, bestehe in den Worten: Halunke, wehre dich!

AGATHE
Die Rosen sind mir nun doppelt teuer, und ich will ihrer auf das treueste pflegen.

ÄNNCHEN
Wie wär's, wenn ich sie in die Nachtfrische vors Fenster setzte? Es wird ohnedies Zeit, mich auszukleiden.

AGATHE
Tue das, liebes Ännchen!

ÄNNCHEN
Aber dann lass uns auch zu Bette geh'n!

AGATHE
Nicht eher, bis Max da ist.

ÄNNCHEN
Hat man nicht seine Not mit euch Liebesleutchen!
Sie geht ab.

2. Auftritt *Agathe allein.*

Nr. 8 – Szene und Arie
AGATHE
Wie nahte mir der Schlummer,
Bevor ich ihn geseh'n?
Ja, Liebe pflegt mit Kummer
Stets Hand in Hand zu geh'n!
Ob Mond auf seinem Pfad wohl lacht? *Sie öffnet die Altantür, sodass man in eine sternenhelle Nacht sieht.*

Welch schöne Nacht! *Sie tritt in den Altan und erhebt in frommer Rührung ihre Hände.*

Leise, leise,
Fromme Weise!
Schwing dich auf zum Sternenkreise.
Lied erschalle!
Feiernd walle
Mein Gebet zur Himmelshalle! – *Hinausschauend*

O wie hell die gold'nen Sterne,
Mit wie reinem Glanz sie glüh'n!

Drebinger: Oper auf den Punkt gebracht
© Brigg Pädagogik Verlag GmbH, Augsburg

Nur dort in der Berge Ferne,
Scheint ein Wetter aufzuzieh'n.
Dort am Wald auch schwebt ein Heer
Dunkler Wolken dumpf und schwer.
Zu dir wende
Ich die Hände,
Herr ohn' Anfang und ohn' Ende!
Vor Gefahren
Uns zu wahren
Sende deine Engelscharen! – *Wieder hinausschauend*

Alles pflegt schon längst der Ruh';
Trauter Freund, wo weilest du?
Ob mein Ohr auch eifrig lauscht,
Nur der Tannen Wipfel rauscht;
Nur das Birkenlaub im Hain
Flüstert durch die hehre Stille –
Nur die Nachtigall und Grille
Scheint der Nachtluft sich zu freu'n. –
Doch wie? Täuscht mich nicht mein Ohr?
Dort klingt's wie Schritte!
Dort aus der Tannen Mitte
Kommt was hervor!
Er ist's! Er ist's!

Die Flagge der Liebe mag weh'n!
Sie winkt mit einem weißen Tuch.

Dein Mädchen wacht
Noch in der Nacht! –
Er scheint mich noch nicht zu seh'n!
Gott, täuscht das Licht
Des Monds mich nicht,
So schmückt ein Blumenstrauß den Hut!
Gewiss, er hat den besten Schuss getan!
Das kündet Glück für morgen an!
O süße Hoffnung! Neu belebter Mut! –
All meine Pulse schlagen,
Und das Herz wallt ungestüm,
Süß entzückt entgegen ihm!
Konnt' ich das zu hoffen wagen?
Ja, es wandte sich das Glück
Zu dem teuern Freund zurück:
Will sich morgen treu bewähren! –
Ist's nicht Täuschung? – Ist's nicht Wahn?
Himmel, nimm des Dankes Zähren
Für dies Pfand der Hoffnung an!
All meine Pulse schlagen,
Und das Herz wallt ungestüm,
Süß entzückt entgegen ihm.

Drebinger: Oper auf den Punkt gebracht
© Brigg Pädagogik Verlag GmbH, Augsburg

Verzeichnis der Abkürzungen und Fachbegriffe

a cappella	(ital. = „nach Art der Kapelle", d. h. des Chores); unbegleiteter (Chor-)Gesang.
Accompagnato-Rezitativ	(ital. = „begleitetes" Rezitativ); vom Orchester begleitetes und textinterpretierendes Rezitativ.
adagio	(ital. = „gemächlich", „bequem"); Bezeichnung für langsames, ruhiges Tempo.
Akkord	Zusammenklang von drei oder mehr Tönen (Dreiklang, Vierklang etc.).
allegro	(ital. = „fröhlich", „lustig", „heiter"); Bezeichnung für schnelles Tempo.
andante	(ital. = „gehend"); Bezeichnung für mäßiges, schreitendes Tempo; *andante sostenuto* = (ital.) „gehaltenes", „zurückhaltendes" Andante.
andantino	(ital. Diminutiv von andante); Tempobezeichnung nicht eindeutig, ob schneller oder langsamer als andante.
Arie	kunstvoller, gegliederter, mehrteiliger Sologesang in Oper oder Oratorium; Selbstcharakterisierung (-darstellung) der Figur; Ausdruck des emotionalen Zustandes; meist mit melismatischer Textverteilung und Textwiederholungen.
Arioso	Musikstück für Solostimme mit Instrumentalbegleitung in Oper und Oratorium; weniger handlungsbezogen als Rezitativ; nicht so formgebunden wie die Arie. Häufig eingesetzt, wenn eine Figur von der Textinformation zum Ausdruck von Gefühlen wechselt.
Arpeggio	(ital. von „harpa" = Harfe); Bezeichnung für „harfenartigen" Akkord; auch: *gebrochener Akkord*; die Töne des Akkordes werden nicht zusammen, sondern der Reihe nach gespielt.
Bassetthorn	Altklarinette in F (Tonumfang von F-f^3).
Cha-Cha-Cha	lateinamerikanischer Gesellschaftstanz aus Kuba im mittelschnellen 4/4-Takt.
Chromatik	(von griech. „chroma" = Farbe); Erhöhung oder Vertiefung von Tonstufen um einen Halbton (= *Alteration*) im diatonischen System. Während die *Diatonik* aus der Folge von Ganz- und Halbtonschritten besteht, werden in der *Chromatik* Halbtöne eingeführt, die ggf. nicht zur Tonart des Musikstückes gehören (= *leiterfremde Töne*).
crescendo (auch: <)	(ital. = „zunehmend", „wachsend"); Dynamikbezeichnung für *Lauterwerden*.
decrecendo (auch: *diminuendo;* auch >)	(ital., = „abnehmend"; Dynamikbezeichnung für *Leiserwerden*.
Dissonanz	(von lat. „dissonare" = „verworren, abweichend klingen"); Zusammenklänge, die Spannung erzeugen und in der traditionellen Musik nach Weiterführung (Auflösung) in die *Konsonanz* (ital.; „consonare" = „zusammenklingen") streben.
Dur	(von lat. „durus" = „hart"); Tongeschlecht, dessen Tonleiter Halbtonschritte zwischen der 3/4- und 7/8-Stufe hat; bei Durdreiklängen in der Grundform liegt der zweite Ton im Abstand einer großen Terz über dem Grundton, der dritte Ton im Abstand einer kleinen Terz über dem mittleren Ton.
f	Abkürzung für *forte*; ital. Dynamikbezeichnung für „laut".
Fermate	(ital. „fermata" = „Halt", „Haltepunkt") Zeichen ⌒ über einer Note, einem Akkord oder einer Pause; individuell gestaltbare Verlängerung der Notendauer.
ff	Abkürzung für *fortissimo*; ital. Dynamikbezeichnung für „sehr laut".
ggf.	Gegebenenfalls.
Glissando	(ital. = „gleitend"); Erzeugen eines „gleitenden" Klanges z. B. durch Fingerrutschen auf einer Saite, durch Streichen über die Tastatur, durch das Ziehen oder Schieben des Posaunenzuges.

Holzbläser	Abkürzung für die Gruppe der Holzblasinstrumente im Ensemble (Piccoloflöte, große Flöte, Oboe, Englischhorn, Klarinette, Saxophon, Fagott etc.); im Vergleich zu den *Blechbläsern* (Waldhorn, Trompete, Posaune, Tuba).
homophon (Homophonie)	(von griechisch „homos" = „gleich" und „phone" = „Klang"; vertikal orientierte Satzweise: Begleitstimmen richten sich nach der Melodiestimme und bilden mit dieser Akkorde; häufig gleichzeitiger Stimmeinsatz und gleiche oder fast gleiche Rhythmik; Noten und ggf. Texte der Stimmen stehen klar untereinander.
Intervall	(von lat. „intervallum" = „Zwischenraum") Höhenunterschied zwischen zwei Tönen, wobei Ausgangston und Zielton mitgezählt werden.
Koloratur	(von lat. „color" = „Farbe") Bezeichnung für längere, schnellere Passagen in Form von Läufen und Tonsprüngen in vokalsolistischen Kompositionen.
l-r	Abkürzung für *linke Hand – rechte Hand* beim Klopfen eines Rhythmus.
Mambo	(afrokubanischer, kreolischer Begriff für „religiöses Gespräch" oder „Gebet"); Musikrichtung und dazugehöriger schneller Tanz, die sich beide nach 1830 in Kuba entwickelt haben.
Melisma	(von griech. = „Gesang", „Lied") ; Bezeichnung für einen auf einer einzigen Textsilbe gesungenen Melodieabschnitt.
Melodram	in der Musik: in eine Klavier- oder Orchesterkomposition eingebetteter gesprochener Text, dessen Inhalt von der Musik kommentiert wird.
Menuett	alter französischer Volkstanz in mäßig schnellem ¾-Takt (Schreittanz); seit dem 17. Jahrhundert Hof- und Gesellschaftstanz; meist in dreiteiliger Da-capo-Form (A-B-A).
Metrum	(von griech. „metron" = „Maß"); in der Musik: Bezeichnung für das Grundmaß, in dem eine musikalische Bewegung abläuft; „Hintergrundstruktur", auf die sich rhythmische Strukturen eines Stücks beziehen.
mf	Abkürzung für *mezzoforte*; italienische Dynamikbezeichnung für „mittellaut" („halblaut").
Moll	(von lat. „mollis" = „weich"); Tongeschlecht, dessen Tonleiter Halbtonschritte zwischen der 2/3- und 5/6-Stufe hat; bei Molldreiklängen in der Grundform liegt der zweite Ton im Abstand einer kleinen Terz über dem Grundton, der dritte Ton im Abstand einer großen Terz über dem mittleren Ton.
Motiv	(von lat. „motivus" = „beweglich"); Bezeichnung für die kleinste charakteristische und einprägsame Sinneinheit in einem Musikstück.
Ouvertüre	(von franz. „ouverture" = „Eröffnung") im Bereich Musiktheater: instrumentales Einleitungsstück einer Oper, eines Oratoriums, eines Balletts oder eines Schauspiels.
p	Abkürzung für piano; ital. Dynamikbezeichnung für „leise".
Perkussion	(von lat. „schlagen") Oberbegriff für alle Schlaginstrumente. Latin Percussion: Schlaginstrumente aus Lateinamerika (Bongos, Congas, Maracas etc.).
Pfeifregister	höchstes Register der menschlichen (in erster Linie der weiblichen) Stimme; bei der Tonproduktion sind die Stimmlippen maximal gespannt und schwingen nicht; durch einen Spalt zwischen den Stimmlippen (Glottis oder Stimmritze) wird Luft verwirbelt (ähnlich wie bei der Blockflöte).
Phrasierung	(von griech. „phrasein" = „anzeigen", „erkennen"); sinnvolle Gliederung eines musikalischen Ablaufs durch interpretatorische Bindung, Betonung, Artikulation etc.; auch in der Instrumentalmusik Orientierung an stimmlicher Atemführung und sprachlicher Artikulation.
pizzicato	(von ital. = „gezwickt", „gezupft"); Spielanweisung, die Saiten eines Streichinstrumentes zu zupfen.

polyphon (Polyphonie)	(von griech. „polys" = „viel" und „phone" = „Klang"); kunstvolle Mehrstimmig-keit; horizontale Satzweise; jede Stimme ist eigenständig und wird linear geführt; häufig Imitation einer anderen Stimme; oft sukzessive Stimmeinsätze; Noten und ggf. Texte der Stimmen versetzt untereinander; einfachste Form: Kanon.
Portamento	(ital. eigentlich *portamento di voce* = „Tragen der Stimme"); sängerisches Verbin-den von zwei Tönen eines größeren Intervalls; später auch auf Instrumenten; in Kompositionen durch *Bindebögen* notiert.
pp	Abkürzung für *pianissimo*; ital. Dynamikbezeichnung für „sehr leise".
presto	(ital. = „schnell") Bezeichnung für schnelles, geschwindes Tempo.
Punktierung	Verlängern einer Note um die Hälfte ihres Wertes durch Anhängen eines Punktes an diese Note. Punktierte Rhythmen gewinnen Energie durch den Wechsel von verlängerter und verkürzter Tondauer (vgl. Hinken, Galoppieren etc.).
Quarte	Intervall von „vier" Tönen einschließlich Ausgangs- und Zielton.
Rezitativ	(ital. Ableitung von „recitare" = „vortragen", „deklamieren"); Sprechgesang in Oper oder Oratorium; Handlungsträger des Geschehens; meist von einem Tas-teninstrument begleitet.
Ritornell	(von ital. „ritorno" = „Rückkehr"); „wiederkehrender" instrumentaler Formteil in begleiteter Vokalmusik; Gegenstück zum *Kehrreim* oder *Refrain* im Vokalteil.
Secco-Rezitativ	(ital. =„trockenes" Rezitativ); nur von einem Tasteninstrument (meist Cembalo, verstärkt im Bass, oft von Violoncello) mit Akkorden begleiteter Sprechgesang.
Sekunde	(von lat. „secunda" = „die zweite"); Intervall von aufeinanderfolgenden Tönen. Die *große Sekunde* entspricht einem diatonischen *Ganztonschritt*, die *kleine Se-kunde einem Halbtonschritt*.
Sexte	(von lat. „sexta" = die „sechste"); Intervall von sechs Tonschritten einschließlich des Ausgangs- und des Zieltons.
Stabspiele	Bezeichnung für die Familie von Schlaginstrumenten mit Holzplatten (Xylophon, Marimbaphon etc.) oder Metallplatten (Glockenspiel, Metallophon etc.) als schwingendem Teil.
staccato	(ital. = „abgestoßen", „getrennt"); Vortragsbezeichnung entsprechend dem Wort-sinn.
Streicher	Kurzbezeichnung der Streichinstrumente im Ensemble (Violine, Viola, Violoncel-lo, Kontrabass).
Tremolo	(ital. = „zitternd"); Bezeichnung für schnelle Tonwiederholungen, z. B. auf Streich-instrumenten durch schnelle Bogenbewegung.
Triller	Bezeichnung für eine Verzierung durch den schnellen Wechsel zwischen *Haupt-note* und darüberliegender *Nebennote*.
Triole	Gruppe von drei Noten gleichen Werts, die zusammen die Dauer des nächst höheren Notenwertes ergeben; d. h., im Gegensatz zur häufigeren Zweierunter-teilung der Notenwerte in die nächst kleineren Einheiten unterteilen Triolen einen Notenwert in drei gleiche Einheiten.
tutti	(ital. = „alle"); Einsatz aller Intrumente in einem Instrumentalwerk.
unisono	(ital. = „Einklang"); Bezeichnung für gleichzeitiges Singen oder Musizieren der-selben Töne oder dieser Töne im Abstand einer oder mehrerer Oktaven.
Variation	(von lat. „variatio" = „Verschiedenheit"); Bezeichnung für die Veränderung einer musikalischen Substanz in ihrer melodischen, rhythmischen, harmonischen oder satztechnischen Beschaffenheit.
vivace	(ital. = „lebhaft"); Vortragsbezeichnung.

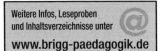